불황의 시대, 미국주식에서 답을 찾다

일러두기

- 미국주식에서 티커(또는 심볼이라고도 함)란 주식 호가 시스템에 사용되는 종목 별 고유 기호로서, 기업명 옆에 주황색 고딕 글씨로 표시된 것은 해당 기업의 주 식 티커(심볼)입니다. (예) 아마존AMZN, 구글GOOGL, 애플AAPL
- 기업명은 자사의 고유한 한국어 표기가 있는 경우 해당 기업의 방침을 따랐으며, 그 외에는 외래어 표기법에 따라 기재했습니다.

불황의 시대, 미국주식에서 답을 찾다

초판 1쇄 발행일 2019년 10월 7일 ● 초판 2쇄 발행일 2020년 3월 16일
지은이 네이버 카페 〈미국주식에 미치다〉 해외통신원
　　　　(Bull Over Bear, Kenneth J. Ro, 약장수, 비행소년 등 4인)
펴낸곳 도서출판 예문 ● 펴낸이 이주현
등록번호 제307-2009-48호 ● 등록일 1995년 3월 22일 ● 전화 02-765-2306
팩스 02-765-9306 ● 홈페이지 www.yemun.co.kr
주소 서울시 강북구 솔샘로67길 62(미아동, 코리아나빌딩) 904호

ISBN 978-89-5659-366-1 13320

불황의 시대,

〈미국주식에 미치다〉 해외통신원 지음

미국주식에서 답을 찾다

미국주식 직접 투자의 시대,
새로운 시작을 알려주는 책

장우석
유에스스탁(U.S. Stock) 본부장, 미국주식 전문가

해외 주식 직구에 대한 관심이 커지며 어느덧 매수 대금이 30조 원을 넘어설 것으로 예상되는 시점이다. 앞으로도 해외 주식에 대한 매수 대금은 더욱 커질 것이고, 머지않아 꿈의 100조 원 시대도 열릴 것으로 기대된다. 이런 와중에 대한민국에서 가장 먼저 미국주식 중개를 시작한 1세대로서 희망과 아쉬움이 교차함을 느낀다.

시장이 커져가는 판국에 아쉬움을 느낀다니, 의아할지 모른다. 그러나 미국주식 중개의 역사가 어느덧 17년을 넘어서고 있는데, 관

런 콘텐츠와 정보는 국내 주식에 비해 턱없이 부족하다. 해외 주식에 직접 투자하는 사람들은 늘어가는데도 여전히 정보에 목마른 상태이다.

상황이 이러한데 전체 주식 투자자의 100분의 1도 안 되는 해외주식 투자자를 상대로 증권사들은 수수료 경쟁과 환율우대 경쟁, 그리고 각종 이벤트를 벌이는 데만 치중한다. 언뜻 투자자에 많은 혜택을 주는 듯 보일지 모른다. 그러나 모두 단기적인 이벤트일 뿐, 장기적인 이익을 얻기 위해 투자자들에게 진짜 필요한 혜택정확한 기업 정보 및 시장 현황 등의 투자정보 제공은 간과되고 있다. 한마디로 "소문난 잔치에 먹을 것 없다"라는 격언이 딱 맞는 상황인 것이다.

하지만 최근 들어 희망이 보인다. 국내 커뮤니티를 통해서 다양한 해외통신원자발적으로 활동하는 해외 거주 회원들이 해외 투자에 단비 같은 정보를, 기사를, 혹은 자신의 생각을 공유하고 있는 것이다.

그런 의미에서 국내에서는 최초이자 유일하게 해외통신원들이 참여한 이 책은 많은 의미가 있다고 생각한다.

그렇다. 2002년, 한 증권사에서 미국주식 중개를 시작한 이래 긴 세월이 지나 이제야 나만의 미국주식, 우리의 미국주식 투자가 시작된 것이다. 이런 시작점을 알려준 국내 최대 미국주식 투자 커뮤니티 <미국주식에 미치다> 해외통신원인 Bull over Bear 님, Kenneth J. Ro 님, 약장수 님, 비행소년 님께 깊은 감사를 표한다. 네 분은 미국에 거주하며 생생한 정보를 공유해주신 것은 물론, 각자 종사 중인 분야 혹은 투자 경험에 기초한 깊이 있는 분석을 제공해주셨다. 그리고 네 분의 글을 엮어 한 권의 책으로 완성한 도서출판 예문에도 감사의 인사를 전한다.

현장에서 체득한
강력한 투자 정보를 공유하다

이석준
해외주식 커뮤니티 <미국주식에 미치다> 운영자

2016년 3월, 네이버 카페 <미국주식에 미치다>cafe.naver.com/likeusstock 가 처음 문을 열었을 때만 해도 한국 투자자들에게 미국주식이란 아직 미지의 영역이었습니다. 해외 직구는 흔해도 해외 주식 사는 것은 낯설던 시절, 오로지 미국주식만을 이야기하는 커뮤니티는 <미국주식에 미치다>가 유일했습니다. 그러다가 매수 후 신경도 쓰지 않고 있었는데 연말에 계좌를 확인하니 수십 퍼센트의 수익을 얻었다는 이야기, 대가들의 투자 이론과 시장이 맞아떨어지다 보니 그간의 공부가 투자의 결과로 이어져 재미를 느꼈다는 이야기 등 다양한 경험이 공유되며 미국주식에 관한 관심이 점차 높아졌습니다. 사실 알고 보면 미국 기업은 우리 실생활에 매우 가깝게 있습니다. 우리가 생활에서 사용하는 많은 제품과 서비스가 미국의 상장 기업, 다시 말해 충분히 투자 가능한 회사의 것입니다. 또한 직접 미국주식을 매매하지 않더라도 이미 다양한 종류의 펀드, 보험, 연금 등 금융상품을 통해 간접적으로 미국 시장에 투자하고 있을 확률이 높습니다.

그럼에도 한국에서 미국주식에 투자하는 분은 여전히 그리 많지 않습니다. 일희일비하지 않으면서 비교적 안정적으로 수익을 얻을 수 있는 이 시장에 왜 투자하지 않는 것인지, 안타까운 마음이 들 때가 많습니다. 특히 <미국주식에 미치다>를 개설한 초기에 그러했는데, 역시 나라가 다르다는 것이 높은 진입장벽이 아닌가 생각했습니다. 바로 그런 시기에 해외에 거주하며 생생한 투자 경험담 및 현지가 아니면 실감할 수 없는 시장 반응 등 직접 체득한 소중한 정보를 공유하는 분들이 나타나셨습니다. <미국주식에 미치다> 해외통신원 코너에서 활동 중이신 회원들로, 이 책은 그중에서도 Bull over Bear 님, 약장수 님, Kenneth J. Ro 님, 비행소년 님 등 네 분의 글을 엮어 보완하고 최신 정보를 업데이트한 것입니다. 이 네 분은 미국에서 현직에 계시며 각자 분야의 지식을 살린 고급 정보와 투자 노하우를 공유하는 것으로도 유명합니다.

이 책의 저자로 참여해주신 네 분과 더불어, 책에는 소개하지 못했으나 지금도 다른 투자자들과 정보를 나누는 회원 분들이 계십니다. 영어 자료를 우리말로 요약하는 번거로운 작업도 마다하지 않고, 자신들의 포트폴리오와 관심 종목 동향을 기꺼이 공개해주시는 모든 분들께 감사드립니다.

나누어주신 소중한 경험과 지혜로 보다 많은 분들이 두려움을 가지지 않고 성투하시길 기원합니다.

CONTENTS

PART 01 왜 이길 수밖에 없는 투자인가
#가치투자 #장기_투자 #마켓 #사이클

PART 02 현지 시장을 알면 오를 종목이 보인다
#현지피셜 #급등주 #한국_투자자들은_알기_어려운

왜
이길 수밖에 없는
투자인가

#가치투자 #장기 투자 #마켓 #사이클

10년 이상 보유할 것 아니면

10분도 가지고 있지 말라

워런 버핏 Warren Edward Buffett

written by Bull Over Bear

주식은 위험하다는
편견을 깨는 시장

"주식은 위험하다! 그러니 너희는 절대 주식 같은 거 손도 대지 마라."
필자가 어렸을 적, 선친이 거듭 강조하셨던 말씀이다. 훗날 알고 보니
한국에서 주식 투자를 하며 수익을 보던 중 한 번에 크게 잃으셨다고
한다. 그러나 이런저런 경위를 떠나 내게는 그 말씀 자체가 뇌리에 깊
이 박혔다. 아버지가 주식으로 받은 스트레스가 가족에게까지 좋지
않은 영향을 미치기도 했던 터라, 어린 시절 내게 주식이란 '위험하며
절대 함부로 손대서는 안 되는 악寒'으로 느껴졌었다.

성인이 된 후에는 적은 돈으로 투자할 수 있다는 점에서 주식에 관
심을 가지게 되었고, 단타로 몇 번 큰 수익을 내기도 했다. 그러나 결과
적으로는 잃은 적이 더 많았다. 돌이켜 보면 20대 때에는 제대로 주식

에 관한 교육을 받은 적이 없었고, 지인들의 조언에 따라 관련 서적이나 글을 읽기는 했으되 대체로 투기적인 성향에 치우쳐 있었던 것 같다. 온갖 이론을 머릿속에 집어넣긴 했지만, 막상 투자할 때는 감정적으로 결정하곤 했다.

투자에 대해 깊이 고민하게 된 것은 미국에 온 뒤부터였다. 가정을 이루고, 아이들이 태어나 식구가 늘다 보니 책임감이 커졌다. 자연스럽게 호기롭던 20대 때보다는 달리 진지하게 투자를 생각하게 되었다. 더군다나 미국 회사를 다니며 연금처럼 401(K)미국의 대표적인 퇴직연금를 적립식으로 쌓아가다 보니 주식과 채권, 분산 투자, 자산 배분, 장기 투자에 관심이 생겼다.

읽었던 투자 관련 서적을 다시 읽고, 한국 신문에는 실리지 않는 영어 원문의 경제 기사도 닥치는 대로 읽다 보니 예전에는 보이지 않던 것이 눈에 보이기 시작했다. 읽는 양이 많아질수록 시야가 넓어지는 것이 느껴졌다. 이미 본 투자 서적이라도 읽을 때마다 같은 책이 맞나 싶을 정도였다. (확실히 명저에서는 읽을 때마다 새로운 인사이트를 발견하게 된다.)

미국 시장에 투자하다 보니 대가들의 투자 철학과 방식이 실제와 더욱 연결되는 느낌 또한 들었다. 이론과 실제의 톱니바퀴가 맞아 돌아가는 느낌이랄까? 미국에는 장기 투자로 성공한 투자자가 많다. 장기적으로 꾸준히 올랐기 때문에 시장에 끈기 있게 머무르는 낙관론자가 비관론자보다 더 여유로워진다는 이론이 들어맞았다.

적어도 미국 시장에서는 하락장을 두려워 말 것

미·중 간 무역 분쟁으로 주식시장이 요동치고 있다. 오늘 잠시 반등하더라도 내일, 또 모레는 어찌 될지 모르는 상황에서 투자자들의 마

필자가 추천하는 투자 명저　　　　$

현명한 투자자 벤저민 그래이엄 지음, 국일증권경제연구소

위대한 기업에 투자하라 필립 피셔 지음, 굿모닝북스

돈 뜨겁게 사랑하고 차갑게 다루어라 앙드레 코스톨라니 지음, 미래의 창

가치투자 주식황제 존 네프처럼 하라 존 네프 지음, 시대의 창

주식에 장기 투자하라 제레미 시겔 지음, 이레미디어

전설로 떠나는 월가의 영웅 피터 린치 지음, 국일증권경제연구소

작지만 강한 기업에 투자하라 랄프 웬저 지음, 굿모닝북스

모든 주식을 소유하라 존 보글 지음, 비즈니스맵

워런 버핏의 주주 서한 워렌 버핏 지음, 서울문화사

안전 마진 세스 클라만 지음 *국내 미출간

투자에 대한 생각 하워드 막스 지음, 비즈니스맵

음은 평온하지 않다. '저가 매수의 기회를 놓쳤네!'란 생각부터 '다음 실적 때까지는 지켜봐야지', '아직은 모르는 거야, 기다려보자' 등등 머릿속에 이런저런 생각이 오고가며 불안감이 증폭된다.

그러나, 돌이켜보면 이런 하락은 항상 있었다.

멀리 갈 것도 없다. 2018년 9월 21일 이후 크리스마스까지 미국 장이 무려 -20% 빠졌던 것을 기억하는가?

미·중 협상 불발 소식으로 시장이 하락했던 2019년 5월을 기준으로 생각해보자. S&P 500 지수●는 2009년 이후에만 24번째로 -5% 이상 하락했으나, 같은 시기

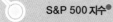

S&P 500 지수●

뉴욕증권거래소에 상장된 500개 대형 기업을 대상으로 산출하는 주가 지수(인덱스)로, 국제 신용평가기관인 스탠다드앤푸어스가 작성한다. 이외 미국의 주요 주가 지수로는 다우존스 산업평균지수, 나스닥100 지수가 있다.

●●● 1990년대 이후 S&P 500의 흐름

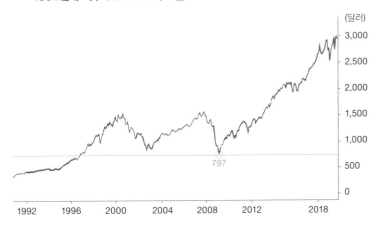

2009~2019년 5월 주가는 오히려 250% 상승했다. 일부 하락에도 불구하고 전체적인 오름세를 보이는 것은 미국장의 특징 중 하나이다. 심지어 1900년대 초반까지 거슬러 올라가 살펴봐도 마찬가다.

큰 하락하면 자동으로 떠오르는 것 중 하나가 2008년 서브 프라임 사태이다. 당시 금융 위기 이후에도 불안은 이어져서 과연 시장이 회복될 수 있을지에 대한 걱정, 세계은행에서 발표한 예상 성장률 둔화에 대한 염려 등으로 인해 2009년 1월 1일 미국증시는 최저점인 797에 도달했다.

그 이후에도 악재는 많았다. 2010년에는 유럽·중국발 부채 위기, 글로벌 성장성 우려, 오바마의 금융 규제 등이 있었고 2011년에는 리비아 전쟁, 일본 지진 및 핵 발전소 폭발 사건, 유럽발 부채위기가 있었다. 2012년에는 오바마가 재당선되었고 2013년에는 연준의 테이퍼링이 우려되었으며 2014년에는 이볼라 창궐, 유가 하락, 달러 강세, 어닝 약화 등의 이벤트가 있었다. 2015년에는 그리스의 디폴트 사태와 중국주식시장의 하락이, 2016년에는 북한 핵 이슈, 중동 문제, 브렉시트가, 2017년에는 미국 대통령 선거에 대한 우려가 주식시장을 괴롭혔다. 2018년에도 인플레이션 및 금리 인상, 중국 경기 둔화, 미·중 무역전쟁, 주택 시장 상승률 둔화 등등 이슈가 끊이지 않았다.

결과는? 한때 797의 최저점을 맞았던 S&P 500은 현재 2,976^{2019년 9월 5일 기준}을 기록하고 있다.

그럼에도 주식은 위험하다?!

일부 맞는 말이다. 단, 단기적으로 보았을 때 그렇다! 아래 그래프를 보면 1926년부터 최근까지 미국채와 비교해 S&P 500 12개월 수익률이 훨씬 들쭉날쭉한 것을 알 수 있다. 최대 하락폭도 당연히 주식이 채권보다 크다.

●●● S&P 500 vs. 5년물 미국채의 12개월 수익률 비교

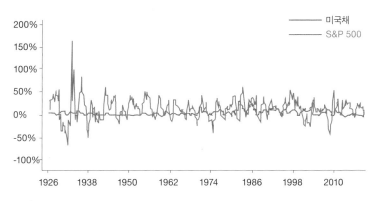

그러나 장기적으로 보유했다면? 이어지는 다음 그래프를 보면 S&P 500 지수의 수익률이 국채보다 월등히 높다는 걸 알 수 있다. 1926년에 1달러로 미국국채를 샀다면 2016년에는 102달러가 되었겠지만, 미국주식을 샀더라면 8,307달러가 되었을 것이다. 단, 전제 조건이 있

다. 알아서 종목을 바꿔주는 S&P 500 지수에 투자할 것관련한 내용은 뒤에서 더 자세히 설명할 것이다. 혹은 개별 종목에 투자할 경우 20년 이상 꾸준히 우상향할 종목을 잘 고르거나 수시로 종목을 바꿔야 한다는 것이다.

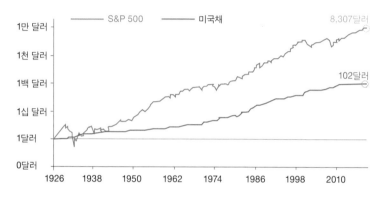

●●● **1달러를 투자했다면**

나는 내 아이들에게 이렇게 말해줄 것이다.

"주식 투자는 단기적으로 하면 위험하다. 그러니 너희는 다양한 종목을 신중하게 골라 20년 이상 오래 보유한다는 생각으로 투자해야 한다. 이게 어렵다면 지수인덱스에 20년 이상 투자해라."

개인적인 경험상 투자는 멘털이 90%라고 본다.

written by Bull Over Bear

결국 이길 수밖에 없는 공식 :
미국 시장에 투자하고 보유하라

투자하고(사서 모으고) 보유하라(오래 갖고 있어라). 지금은 고인이 된 인

덱스 펀드●의 아버지, 존 보글John Bogle도 주

장한 바이다. 이번 장에서는 이와 관련된 아

주 심플하고 파워풀한 자료를 공유하려 한다.

여기서 미국 시장이라 함은 1871~1957년 S&P 콤포짓 인덱

스 및 1957년~현재 S&P 500 지수를 가리킨다.

인덱스 펀드●

특정 주가 지수의 움직
임에 연동되는 포트폴
리오를 구성, 운용하는
펀드. 지수연동형 펀드
라고도 한다.

  첫째, 지난 147년간 연도별 미국 시장의 총수익배당재투자 포함, 물가상승

률 고려 차트를 보자. 각각의 연도만 보면 수익률이 플러스인 적이 많았

으나 마이너스도 꽤 보인다. 전체적인 수익률 평균은 +8.4%이다.

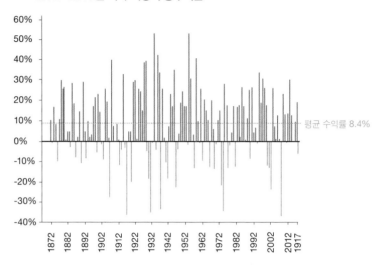

둘째, 지난 147년간 마이너스가 발생한 시기는 전체의 약 31%를 차지한다. 미국 시장이 -10% 이내로 떨어진 경우는 16%, -10~-20%는 9%, -30~-40%는 3%1927년·1931년·1937년·1974년·2008년 등 5번, -50% 이상 떨어진 것은 1933년과 1954년 등 2번이었다.

이쯤 되면 '워런 버핏이 말하는 잃지 않는 투자가 도대체 가능한가?'란 의문도 들 것이다.

그러나 미국 시장 지수에 투자하고 20년간 가만히 있었다면, 즉 매수 후 보유했다면 어떻게 되었을까? 다음 장의 그래프를 보자. 지난

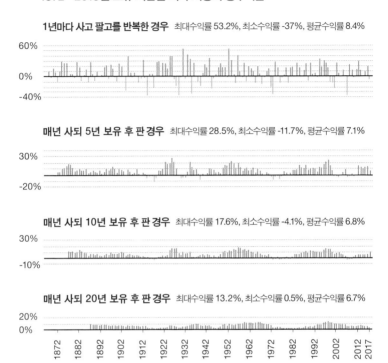

••• 1872~2018년 보유 기간별 미국 시장의 총수익률

1년마다 사고 팔고를 반복한 경우 최대수익률 53.2%, 최소수익률 -37%, 평균수익률 8.4%

매년 사되 5년 보유 후 판 경우 최대수익률 28.5%, 최소수익률 -11.7%, 평균수익률 7.1%

매년 사되 10년 보유 후 판 경우 최대수익률 17.6%, 최소수익률 -4.1%, 평균수익률 6.8%

매년 사되 20년 보유 후 판 경우 최대수익률 13.2%, 최소수익률 0.5%, 평균수익률 6.7%

147년간 1년마다 사고팔고를 반복한 경우 마이너스 막대가 많이 보이지만, 각 연도마다 사되 5년 보유 후 팔았다면 마이너스 막대가 줄어든다. 매년 사되 10년 보유 후 팔았다면? 마이너스 막대가 거의 보이지 않는다.

결론적으로, 지난 147년간 매년 미국 시장에 투자하고 20년 보유후 팔았다면 단 한 번도 손실을 본 적이 없다는 얘기다.

그렇다면 수익률은 어떨까? 오래 들고 있어서 손실은 안 났지만 수익률에는 만족하지 못했을 수도 있다. 20년 보유 후 팔았다면 연간 최대 13%~최소 0.5%의 수익을 얻었다. 그러나 1년간 사고팔고를 반복한 경우 최대 53% 수익을 낼 수도 있는 반면, -37%의 손실을 보았을 가능성도 존재한다.

결국은 확률이다. 투자의 대가들이 미래 미국 시장에 대한 믿음을 이야기하는 이유는 바로 이것이 아닐까? 미국증시가 생긴 이래 부침이 있었으나 결국은 낙관론적 투자가 승리했음을 역사가 보여준다. 워런 버핏이 말했던 '절대 잃지 않는 투자'의 힌트는 여기 있을지 모른다.

그리고 배당이 남았다

투자의 대가들은 장기 보유로 성공했다는데, 물가상승률을 감안하더라도 실망스러운 수익률이 아니냐고? 아는 사람들은 모두 알 테지만, 미국주식 투자에서 하나 더 고려해야 할 것이 남아 있다. 바로 배당이다.

19○○년부터 미국 시장에 1,000달러를 투자했다면 어떻게 되었을까? 이어지는 표는 각 연도별로 물가상승률을 고려하여 그 당시의

••• 1,000달러를 투자했다면 얼마가 되었을까 *2019년 2월 28일 기준

투자 시작 일	명목 가격(달러)	실질 가격(달러)
2009년 12월 31일	2,982	2,570
1999년 12월 31일	2,709	1,819
1989년 12월 31일	14,316	7,203
1979년 12월 31일	70,909	21,700
1969년 12월 31일	123,694	18,606
1959년 12월 31일	260,594	30,569
1949년 12월 31일	1,524,566	143,558
1939년 12월 31일	3,582,610	200,122
1929년 12월 31일	3,610,730	247,794
1919년 12월 31일	14,807,557	1,116,641
1909년 12월 31일	23,055,328	919,008
1899년 12월 31일	61,162,963	1,927,187
1871년 1월 31일	371,674,284	18,483,760

1,000달러 가치에 해당하는 금액을 투자한 후 S&P 500에서 나오는 배당금을 다시 재투자했다고 가정한 수치이다. 2019년 2월 말을 기준으로 10~120년 전 그리고 147년 전에 1,000달러를 투자했더라면 지금은 얼마가 되었을지 살펴보자. 명목 가격은 물가 변화를 반영하지 않은 것이며, 실질 가격은 물가상승률을 반영해 조정한 것이다.

2008년 서브 프라임 사태가 끝난 뒤인 2009년 말지금으로부터 10년 전

에 1,000달러를 미국 시장에 투자했다면 현재 2,982달러가 되어 있을 것이다. 물가를 반영하면 2,570달러 정도이다.

2000년 닷컴 버블 전인 1999년 연말20년 전에 투자했다면 물가를 반영하여 1,800달러가 되었을 것이다.

10년, 20년이나 투자했는데 2.5배, 1.8배 올랐다니 성에 차지 않는다. 그러나 좀 더 멀리 가보면 어떨까?

1937~1974년 오일 쇼크가 있은 후인 1979년 말40년 전에 1,000달러를 투자했다면 현재 7만 달러가 되었을 테다. 물론 시간이 많이 흘렀으므로 물가상승률 부분이 더욱 크게 작용했을 것을 감안하면 21,000달러가 된다.

더 거슬러 올라가보자.

1945년 2차 세계 대전이 끝난 이후 미국은 유례없는 초호황기를 맞았는데, 당시인 1949년 연말70년 전에 투자했다면 1,000달러는 현재 150만 달러가 되었을 것이다. 여기에 물가상승률을 반영하면 무려 14만 달러가 된다.

세계 대공황 이후에 투자했다면 어떨까? 1939년 연말80년 전에 투자했다면 350만 달러, 물가상승률을 반영하면 20만 달러가 되었을 것이다. 참고로 1930년생인 워런 버핏이 11살 때부터 투자를 했다는데, 괜히 부자가 된 게 아니란 생각이 든다. (한 사람이 50년 이상 투자하기도 힘든 일이니 어쩌면 오래 살며 오래 투자하는 것이 최고의 비법이 아닐까?)

　그보다도 전인 1929년90년 전에 투자했다면? 360만 달러, 물가상승률을 반영하면 25만 달러가 되었을 것이다.

　레이 달리오Ray Dalio는 현재 경제 상황이 1935년과 비슷하다고도 주장하는데 그 말이 사실이라면 대공황이 다시 온다 해도 투자 기회를 잡을 수 있다는 것 아닐까? 필자는 개인적으로 (미국 시장을 무조건 신봉하는 것은 아니지만) '앞으로 미국 시장 인덱스 펀드를 보유하는 게 맞을까?'란 질문은 곧 '미국이 세계 패권국의 지위를 유지할까?'라는 질문과 일맥상통한다고 본다. 이에 대한 전망은 각기 다를 수 있다. 만약 패권 국가로서 미국의 지위를 낙관하는 사람이라면 지금부터라도 장기 투자를 고려해보는 편이 좋을 것이다.

written by Bull Over Bear

2400만 원으로
260억 원을 만든 여자

잘 알려지지 않은 앤 세이버Anne Scheiber라는 여성 투자자가 있다. 그녀는 부유한 집안에서 태어나지도 않았고, 일생의 노동을 통해 큰 부를 이루지도 못했다. 미국 국세청IRS에서 근무하다가 1944년에 51세의 나이로 은퇴했는데, 연봉은 4천 달러를 넘긴 적이 없었고 열심히 일했지만 단 한 번도 승진하지 못했다.

너무나도 평범한 그녀의 이름이 지금까지도 세간에 오르내리는 이유는 무엇일까? 앤이 주식으로 큰돈을 벌었기 때문이다. 그녀는 은퇴 후 1944년부터 2만 1천 달러약 2,400만 원 규모의 주식투자를 시작했다. 현재로 치면 (물가상승률을 고려하여) 29만 7천 달러약 3억 5천만 원의 가치인데, 적은 금액은 아니지만 그렇다고 굉장히 큰 자본금도 아니다.

그녀의 투자 스토리는 이후 50년 간 계속되었다. 즉, 51세에 은퇴한 이후 앤은 50년을 더 살았으며 101세를 일기로 작고할 때까지 투자를 이어갔다. 그간 앤의 투자 포트폴리오는 어떻게 되었을까?

1944년에 투자한 2만 1천 달러는 1995년이 되자 2,200만 달러약 260억 원가 되었다. (물가상승률을 고려했을 때) 현재 가치로는 3,600만 달러약 425억 원이다. 포트폴리오의 연간 수익률은 연 14.6%였다. 이는 동기간 S&P 500의 연간 수익률 7.5%의 2배 정도이다.

여기에는 여러 가지 이유가 있다. 물론 2차 세계 대전 이후 미국주식 시장이 워낙 활황기였던 영향도 있었다. 그러나 가장 중요한 것은 다음의 3가지였다.

첫째, 시간. 그녀는 은퇴 이후로도 55년 간 장수했고 그동안 꾸준히 투자했다.

둘째, 절약. 앤은 소득의 80%를 저축했다. 결혼도 하지 않았고, 자녀도 없었으니 지출이 많지 않았다. 노인이 되어서도 1940년대 중반에 구입한 옷을 그대로 입었으며, 가구를 바꾸지도 않았고, 일생을 작은 아파트에서 살았다.

셋째, 복리. 앤은 안정성 있는 여러 종목에 잘 분산된 포트폴리오를 가지고 있었으며100개 이상의 개별 기업 주식을 가지고 있었던 것으로 알려졌다, 여기서 발생하는 배당금을 꾸준히 재투자했다. 또한 월 3,100달러의 연금을 지급받으며 일부를 꾸준히 적립식으로 투자하는 데 썼다. 51년간 복리의 효과를 누린 그녀는 금융 정보를 읽거나 주주총회에 참가한 적이 없었다. 장이 올라가든 내려가든 신경 쓰지 않았으며, 오로지 현금을 창출하는 자산을 구매하는 데만 몰두했고 어떠한 것도 팔지 않았다.

오래 투자하고 끊임없이 재투자하라

투자자로서 우리가 앤 세이버에게 배울 점이 바로 이것이다. 정리하자면, 오래 투자하고(일찍 시작할수록 좋다), 소득보다 지출을 적게 하며, 적을지라도 안정적인 수익률을 제공하는 주식 또는 현금을 창출하는 자산에 꾸준히 재투자하라는 것이다. 그러면 당장 시장 변동성이 크거나 경기가 안 좋아도 결국 먼 훗날에는 재정적으로 부자가 될 수 있다. 이는 워런 버핏과 찰리 멍거의 투자 철학과도 일맥상통한다.

여담이지만, 안타깝게도 앤은 그리 행복한 삶을 살지는 못했다. 주변 사람들에 의하면 그녀는 항상 외로워 보였고, 웃는 얼굴은 거의 볼 수 없었다. 가족도 없었고, 아무도 믿지 않아 누구에게도 자산 상태를 알리지 않았다. 사후 그녀의 재산은 유언에 따라 예시바 대학교에 여

경제적 독립을 꿈꾼다면 앤 셰이버처럼 투자하라 $

낡은 아파트에서 검소한 생활을 했던 앤은 세금과 수수료를 내지 않기 위해 수십 년간 주식을 팔지 않았다. 1972~1974년, 그리고 1987년 시장이 거의 붕괴하다시피 하락했을 때에도 마찬가지였다. 그녀가 투자할 종목을 찾는 기준은 명확했다. 사업 내용이 이해되는 회사, 배당금을 주는 회사. 받은 배당금은 재투자했는데 시간이 지남에 따라 증대된 회사 지분으로 인해 배당금 자체가 크게 늘었다. 그러한 투자 결과, 배당금이 배당금을 낳는 선순환이 계속되었다.

50년이란 긴 세월 동안 앤은 이런 투자 원칙을 고수했고, 엄청난 수익이 복리 효과로 돌아와 그녀는 전설적인 투자자가 되었다. 배당재투자의 어마어마한 효과를 보여주는 실제 사례로 지금까지도 회자되고 있다.

앞으로 수십 년 이상의 기대 수명이 예상되는가? 은퇴 후 경제적 자유를 꿈꾸는가? 그렇다면 앤 셰이버의 투자 스토리에서 많은 영감을 받을 수 있을 것이다.

성 유대인을 위한 장학금 지원 사업에 기부되었다. 자신이 직장에서 당했던 불합리한 처우를 대물림하고 싶지 않다는 그녀의 바람 때문이었다.

written by Bull Over Bear

워런 버핏, 찰리 멍거,
그리고 전설적인 투자자의 이야기

버크셔 해서웨이의 워런 버핏과 찰리 멍거, 이들은 세계 최고의 투자가이자 전 세계 투자자들에게 구루와 같은 존재다. 그런데 버크셔 해서웨이의 초대 주주였던 릭 구에린Rick Guerin이라는 이름을 들어본 사람은 많지 않을 것이다. 구글에 검색해도 사진조차 찾기가 쉽지 않다.

릭 구에린이라는 이름은 워런 버핏의 1984년 콜럼비아 비즈니스 스쿨 연설을 옮긴 에세이 <그레이엄&도드빌의 위대한 투자자들The superinvestors of Graham-and-Doddsville>을 통해 처음 세상에 공개되었다.

그는 찰리 멍거의 친구였다. 금융이나 경제 교육은 받은 적이 없는, 서던캘리포니아 대학교 수학과를 졸업한 IBM 세일즈맨 출신이었다. 워런 버핏이 찰리 멍거를 법조계에서 투자의 세계로 이끈 것과 마찬가

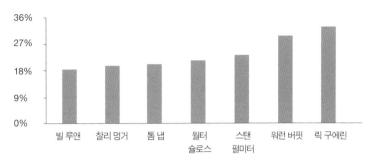

●●● 그레이엄&도드빌 출신 투자자들의 수익률 비교

지로, 찰리 멍거 역시 릭 구에린에게 IBM을 떠나 자신과 함께하기를
권했다. 그렇게 투자계에 발 들인 릭 구에린은 큰 성공을 거뒀다. 그가
운용한 퍼시픽 파트너Pacific Partners의 1965년부터 1983년까지 총 19
년간 누적 수익률은 무려 22,200%였다. 같은 시기 S&P 500의 누적
수익률은 316%였다. 워런 버핏도 릭 구에린처럼 빠르게 가치 투자의
개념을 받아들인 사람은 드물다며 그의 습득력을 높이 샀다. 위의 그
래프를 보면 릭 구에린의 연평균 수익률이 찰리 멍거는 물론이요, 워
런 버핏을 포함한 모든 '그레이엄&도드빌의 위대한 투자자들'의 성과
를 뛰어넘었음을 알 수 있다. S&P 500이 연평균 7.8%의 누적수익률
을 보인 반면, 같은 기간 릭 구에린은 무려 연평균 32.9%의 누적 수익
률을 냈다.

그런데도 우리가 릭 구에린의 이름을 별로 들어본 적이 없는 이유

는 무엇일까? 까닭은 워런 버핏의 다음 말에서 드러난다.

"나와 찰리 멍거는 우리가 언젠가 엄청난 부자가 될 것을 알고 있었다. 단, 부자가 되리라는 걸 알았지만 서두르지 않았다. 릭 구에린은 우리와 마찬가지로 훌륭한 투자자였지만, 한 가지 다른 점이 있었다면 그는 서둘렀다는 것이다."

릭 구에린의 수익률은 시간이 갈수록 변동성이 커졌다. 더 빨리 부를 축적하기 위해 그가 1970년대부터 돈을 빌리기 시작했기 때문이다. 그리고 1973~1974년, 오일 쇼크가 발생하며 다우존스가 거의 50% 하락한 베어마켓하락장이 왔다. 레버리지●의 함정에 빠진 릭 구에린은 그만 마진콜●에 걸리고 말았다. 그

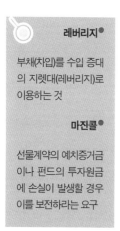

레버리지●

부채(차입)를 수입 증대의 지렛대(레버리지)로 이용하는 것

마진콜●

선물계약의 예치증거금이나 펀드의 투자원금에 손실이 발생할 경우 이를 보전하라는 요구

2년 사이 그는 누적 -62%의 손실을 보았고, 마진콜을 해결할 현금을 마련하기 위해 보유하고 있던 버크셔 해서웨이 주식을 워런 버핏에게 팔아야 했다. 당시 릭 구에린이 판 버크셔 해서웨이의 주식은 주당 약 40달러였는데, 현재 가치로 환산하면 주당 33만 달러에 해당한다.

정리해보자. 릭 구에린은 수익률을 극대화하기 위해 서둘렀고, 빚을

졌으며, 그러한 레버리지는 양날의 검이 되어 그 자신을 다치게 했다. 결과적으로 그의 선택은 8,250배의 잠재수익을 포기하는 결과를 낳았다. 주식 종목을 잘못 선택한 것이 아니라, 전체 시장이 하락했을 때 레버리지가 너무 컸기 때문이다.

물론 그는 여전히 부자이다. 단지 버핏이나 멍거 같은 최고 투자자의 반열에 오르지 못했을 뿐이다. 찰리 멍거와 함께 데일리 저널Daily Journal Corp을 운용하고 있기도 하다. 그러니 레버리지를 이용하는 것이 꼭 나쁘다는 것만은 아니다.

우리가 릭 구에린의 이야기에서 배울 점은 2가지이다.

첫째, 레버리지는 시장이 오를 때에는 좋아 보일 수 있으나, 시장이 하락할 때는 그 고통도 크다. 또한 장이 하락 시 마진콜에 걸리면 억지로 주식을 현금화해야 할 수도 있으니 조심해야 한다. 레버리지를 이

가치투자에 대해 좀 더 알고 싶다면 추천하는 책 $

워런 버핏과의 점심식사 가이 스파이어 지음, 이레미디어
벤저민 그레이엄의 증권 분석 벤저민 그레이엄 지음, 이레미디어
안전 마진 세스 클라만 지음 *국내 미출간
현명한 투자자 벤저민 그레이엄 지음, 국일증권경제연구소

용한다면 반드시 리스크를 염두에 두어야 할 것이다. 또한 레버리지를 쓴다면 플러스 수익률과 마이너스 수익률의 비대칭 구조가 더 커진다는 점을 반드시 명심해야 한다.

둘째, 베어마켓이 언제 올 지는 가늠하기 어렵다. 전 세계에 내로라하는 투자자들, 예를 들어 워런 버핏과 찰리 멍거도 마켓 타이밍을 잡기는 어렵다고 했다.

written by Bull Over Bear

미국주식, 가격이 아닌 기업을 봐야 하는 이유

미국주식에 투자하고 있다면 이런 기사를 한 번쯤 본 적이 있을 것이다. '2008년 서브 프라임 사태로 시장이 폭락한 후 저점을 찍었을 때 아마존에 투자했더라면? 그때 1만 달러를 투자했더라면 어떻게 되었을까?' 이런 내용의 기사는 주가 차트를 보여주며, 주가가 근 10년간 5,500% 올랐으니, 당시 투자한 1만 달러는 56만 달러로 불어나 있을 것이라 말한다. 2008년 11월 아마존의 주가는 34.68달러로 최저점을 기록했다. 2019년 현재 아마존의 주가는 1,800~2,000달러를 오가고 있다.

저점에 샀으니 당연한 일이라 생각할지도 모른다. 그러나 가정을 바꿔서, 만약 2008년 버블이 터지기 전 고점에 투자했다면 어떨까? 당시 아마존의 주가는 80달러 선이었다. 그래도 2,300%가 올랐으니, 1만

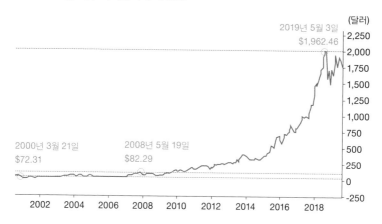

달러는 현재 24만 달러가 되었을 테다.

'에이, 2008년보다는 2000년 닷컴 버블 때 주가 하락폭이 훨씬 컸지…'라고 생각하는가? 그러면 2000년 3월 고점일 때 아마존에 투자했더라면 어떻게 되었을까? 당시 아마존의 주가는 70달러 선이었다. 2,700% 올랐으니 1만 달러는 28만 달러가 되어 있을 것이다.

아마존뿐이 아니다. 애플, 페이스북, 넷플릭스, 구글, 마이크로소프트, 버크셔 해서웨이 등 시가총액이 크고 최근 실적이 좋았던 회사들을 위와 같은 가정에 집어넣으면 결과는 거의 비슷하다.

그런데 아마존이 계속 오르기만 했을까? 아마존 또한 수많은 하락과 변동성을 감내하면서 올라왔다. 2000년 닷컴 버블 이후 최대하락 폭MaxDrawndown : MDD은 -90%나 되었다. 2008년에도 약 -65% 하락했다. 어지간한 일반 투자자라면, 이런 하락을 겪으면 손절하지 않고는 버티기 힘들 것이다. 독자 중에는 '아마존 초창기니까 변동성이 컸겠지'라고 생각하는 분이 있을지 모르나, 사실 2008년 이후에도 -30%의 하락은 여러 번 있었다. 지금도 마찬가지다. 이 같은 하락은 다음번의 조정장 또는 베어마켓하락장에서 다시 여러 번 되풀이될 것이다.

그러므로 앞의 가정에는 한 가지 전제를 더 붙여야 한다. '여러 번의 하락에도 불구하고 팔지 않고 계속 보유하고 있었더라면?' 이 같은 전제가 성립해야 수십 배, 수천 퍼센트에 달하는 수익이란 결과를 말할 수 있는 것이다.

필자가 하고 싶은 이야기는 이것이다. 팔 때까지는 가격이 확정된 것이 아니다. 가격은 들쭉날쭉했을지 모르나 기업의 펀더멘털은 변하지 않았다.

변동성과 리스크를 구분하라

워런 버핏이 쓴 주주서한에는 다음과 같은 말이 나온다.

"변동성과 리스크는 같은 말이 아니다. 같은 말이라고 생각하는 사람은 손해를 볼 것이다."

좀 더 정확하게 말하자면 '단기' 변동성과 '장기' 리스크는 같은 말이 아니다. 그러므로 변동성 문제로 주식을 매도할 때는 좀 더 신중할 필요가 있다. 미스터 마켓의 변덕에 우리의 감정까지 상해 잘못된 선택을 해서는 안 된다.

앞서 아마존의 예를 들었지만 지난 10년간 최고의 수익률을 보인 종목은 아마존, 애플, 구글, 마이크로소프트, 넷플릭스 등이 아니었다. 패트릭 인더스트리, 재즈 파머슈티컬, 슬립 넘버 등 아마 이름조차 들어보지 못했을 다음과 같은 기업들이다. 패트릭 인더스트리의 경우 2009년 3월 9일 이후 10년간 누적 수익률이 무려 39,800%에 이른다.

●●● 2009년 이후 10년간 최고 수익률을 올린 의외의 종목들

회사	티커	누적수익률	최대하락폭
패트릭 인더스트리	PATK	39,800%	-98%
재즈 파머슈티컬	JAZZ	28,600%	-97%
MPG 인그레디언츠	MGPI	17,500%	-95%
슬립 넘버	SNBR	14,800%	-99%
GTT 커뮤니케이션	GTT	13,900%	-81%

그런데 이들 종목이 최고의 수익률을 내기까지 변동성은 어땠을까? 중간중간 하락폭이 엄청나서 거의 -100%에 육박한다.

이들 기업에 투자했으나 정작 기업 자체는 잘 몰랐다면 어떻게 되었을까? 많은 사람이 온라인 쇼핑을 할 때마다 아마존을 보고, 구글 또한 습관적으로 사용하며, 버크서 해서웨이의 워런 버핏을 신뢰한다. 이처럼 잘 아는 큰 회사들의 경우 투자자들이 변동성을 감내하고 투자를 이어갈 가능성이 크다. 그러나 투자하는 기업에 대해 잘 모르고 확신조차 없다면 장이 하락했을 때 아마도 손절매했을 것이다. 특히 주변 사람들이 좋다고 하니 당장 오를 것 같아서, 또는 잘 모르겠지만 투자 의견서를 참고로 투자하는 경우 하락장에서 감정적으로 중심을 잡기가 어려울 것이다.

따라서 현재 보유하고 있는 주식의 기업에 대해 잘 알 필요가 있다. 포트폴리오에 편입된 기업을 잘 보고, 보유할지 말지, 믿음을 가질지 그렇지 않을지 판단해야 한다. 어떤 제품과 서비스를 판매하고 있는지, 해자垓子: 진입장벽 등의 경쟁 우위가 있는지를 파악해야 하며 적어도 지난 연속 3분기 실적이 어떤지, 빚은 얼마나 있는지, 현금 보유율은 어떠하며, 주주친화적인지 아닌지, CEO는 어떤 사람인지 정도는 알아야 할 것이다. 기업을 알고 스스로의 판단 하에 믿음을 가질 때, 감정적인 매매를 하지 않게 된다. 물론 제 아무리 전문가라 해도 주가를

다 맞출 수는 없는 노릇이니, 불안하다면 리스크를 판단하여 포트폴리오의 비중을 조절하면 된다. 중요한 것은 단순히 가격 변화만을 보고 판단해서는 안 된다는 것이다.

기업을 잘 이해했는데 실적 악화가 생겼다면 손절매할 수도 있다. 그러나 가격만 보고서 팔지 말아야 하는 주식을, 단순히 가격이 하락했다는 이유로 매매하게 될 수도 있다. 특히 전체 장이 빠져서 모든 지수가 떨어질 때 이런 현상이 많이 생긴다.

반대로, 가격이 조금 올랐다고 팔 수도 있다. 두 종목을 보유하고 있는데 하나는 30% 올랐고, 또 하나는 -15% 하락했다고 해보자. 이럴 때 일반적인 투자자들은 가격을 보고 그에 따라 주가가 오른 것을 팔고, 주가가 하락한 종목은 다시 원금을 회복하길 기다리며 보유하는 경향이 있다. 행동경제학에서는 이를 처분 효과Disposition Effect라고 부른다.

이런 행동은 대부분 잘못된 결과로 이어지는데, 주가가 상승한 주식은 더 상승하는 것이 보통이며 하락한 주식은 더 하락하게 되기 때문이다. 관성의 법칙과 같은 이것을 모멘텀 효과라고도 한다.

written by Bull Over Bear

옥석을 가리기 힘들다면
인덱스 펀드가 답이다

아무리 믿음을 가진 장기 투자자라 해도, 고점에서 매수한 경우 하락장을 맞으면 마음이 흔들리기 마련이다. 단기적인 조정일지 베어마켓의 시작일지 머리가 아프다. 여러 의견들을 읽다 보면 시장의 공포감이 전염되며 '하락 직전 고점에서 물린 건 아닌가' 하는 걱정이 밀려온다.

고민에 대한 힌트는 역사에서 찾을 수 있다. 버블이 터지기 전 고점에서 미국 시장에 투자했더라면 어떻게 되었을지 한 번 살펴보자.

2008년 리먼 사태가 터지기 전 고점에서 1만 달러를 투자했다면 현재 얼마가 되어 있을까? 스파이더 S&P 500 트러스트 ETF_{SPDR S&P}

ETF	주가 *2008년 1월 10일 기준	10년 후 주가 *2018년 10월 24일 기준	수익률	투자원금	10년 후	배당재투자 시 10년 후
SPY	$141.29	$265.32	113.8%	$10,000	$21,390	$23,361
QQQ	$47.99	$165.34	263.35%	$10,000	$36,337	$38,115
DIA	$127.82	$245.64	122.5%	$10,000	$22,244	$24,971

500 Trust ETF, SPY(S&P 500 지수 추종, 이하 SPY)는 2만 1천 달러, 파워셰어스 QQQ 트러스트 ETF PowerShares QQQ Trust ETF, QQQ(나스닥100 지수 추종, 이하 QQQ)는 3만 6천 달러, 스파이더 다우존스 산업평균 ETF SPDR Dow Jones Industrial Average ETF, DIA(다우존스 산업평균 지수 추종, 이하 DIA)는 2만 2천 달러가 되었을 것이다. 배당재투자를 했다면 수익금은 더 늘어나 SPY는 2만 3천 달러, QQQ는 3만 8천 달러, DIA는 2만 5천 달러가 되었을 것이다.

만약 2000년 닷컴 버블이 터지기 전 고점에서 1만 달러를 투자했다면 현재 얼마가 되어 있을까? 2000년도에 나스닥은 2008년보다 훨씬 고점이었으나, 그럼에도 1만 8천 달러가 되었을 것이다. SPY는 2만 1천 달러, QQQ는 1만 8천 달러, DIA는 2만 6천 달러가 되었을 것이며 배당재투자를 했다면 SPY는 2만 5천 달러, QQQ는 1만 9천 달러, DIA는 3만 2천 달러가 되었을 테다. 시간에 더 투자했으므로 2번의

ETF	주가 *2000년 1월 3일 기준	19년 후 주가 *2018년 10월 24일 기준	수익률	투자원금	19년 후	배당재투자 시 19년 후
SPY	$145.44	$265.32	117%	$10,000	$21,726	$25,360
QQQ	$94.75	$165.34	84.38%	$10,000	$18,421	$19,454
DIA	$113.5	$245.64	226.1%	$10,000	$26,425	$32,590

베어마켓을 겪었는데도 배당재투자를 통해 수익률이 더 높음을 알 수 있다.

이들 인덱스 펀드는 알아서 좋은 기업으로 투자 대상을 변경하며, 게다가 분산 투자까지 하는 효과가 있었다. 만약 지수보다 적은 숫자의 기업에 분산했다면, 어떤 기업에 투자했느냐에 따라 변동성 및 수익률이 더 커지거나 줄었을 것이다. 확률적으로 변동폭은 투자한 기업수가 적을수록 커진다.

하락장이 오면 공포감이 느껴지고 그에 따라 매매할 가능성이 있다. 그러나 그럴 때일수록 침착하게 포트폴리오를 들여다보고 하락장이 와도 오래갈 기업인지 아닌지 옥석 가리기를 해야 한다. 만약 매도하더라도 단순히 가격 하락 때문이 아니라 앞으로의 실적에 대한 우려, 기업의 미래에 관한 부정적 확신에 의한 것이어야 할 것이다.

언제, 무엇을 팔 것인가

물론 미래는 그 누구도 알 수 없다. 아마존이 어쩌다 망할지 대체 누가 알겠는가? 불과 10년 전 만 해도 애플이 시총 1위가 되리라는 예상은 드물었다. 그런가 하면 2008년 하락장과 함께 폭락해서 아직 헤어나오지 못하는 종목도 있다. 패니메이Federal National Mortgage Association, FNMA, 아메리칸 인터내셔널 그룹American International Group, AIG 등이 대표적이다. 매수 후 보유를 외치는 투자자들에게 흔히 통용되는 말은 "매수 후 영원히 팔지 않는다"이다. 그런데 패니메이나 아메리칸 인터내셔널 그룹의 차트를 보고도 영원히 팔지 않는다는 생각을 유지할

●●● **부진에서 벗어나지 못한 패니메이의 주가 흐름**

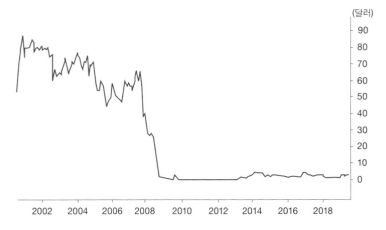

수 있을까?

불과 20년 전 시가총액 1~5위를 차지했던 정유회사들은 또 어떻게 되었는가? 1900년도 다우존스 산업평균 지수에 편입되었던 회사들 중 유일하게 남은 것은 제너럴 일렉트릭GE뿐이다.

워런 버핏도 팔 때는 과감하게 판다는 사실을 기억하자. 그럼 언제 팔아야 하며, 무엇을 팔아야 할까? 장이 하락하는 시기, 그리고 베어마켓이 올 것 같아 불안한 시기에는 어떻게 대처하는 것이 좋을까?

먼저 생각해야 할 것은 '현금이 언제, 얼마나 필요할 것인가'이다. 예를 들어 은퇴하는 시기, 자녀의 학자금이 나가는 시기, 첫 집을 사는 시기, 결혼 시기 등등을 고려하고 그때 얼마가 들지 예상하는 것이다. 그리고 이에 따라 현재 투자금을 매도할지 말지 결정해야 한다.

현금이 필요한 시점이 곧 다가온다면 보수적으로 대응해야 할 것이다. 그러나 만약 10년 이내에 현금이 필요하지 않을 것 같다면 어떤 주식을 보유할지 판단하기에 앞서, 언제까지 주식시장에 남아 있을지 목표를 세우고, 언제 팔지 또한 목표를 정해야 할 것이다. 워런 버핏이 말했듯 '당장 햄버거를 사 먹기 위해 좋은 기업의 주식을 파는 것'은 아닌지 숙고가 필요하다.

그런 다음에는 현재 보유하고 있는 투자 포트폴리오를 살펴보고,

기업들을 공부해야 한다. 무엇을 하는 회사인지 잘 알고, 기업을 믿을지 말지 판단해야 할 것이다. 그리고 믿기로 한 기업이 있다면 위에서 정한 '현금화할 시기'까지 보유할 수 있을지 판단한다. 가격이 아니라 기업 자체에 대한 믿음이 사라지는 시기가 온다면 그때 가서 이익 실현을 해도 되는 일이다.

만약 아무리 공부해도 잘 모르겠다면 시가총액 1위 기업에 꾸준히 적립식으로 투자하는 것도 좋다. 또한 매수 후 보유하기로 결심했다면, 알아서 좋은 회사를 선별해주는 인덱스 펀드에 투자하는 것도 방법일 것이다.

written by Bull Over Bear

저점 매수 vs. 적립식 투자,
어느 것이 유리할까

변동성이 커져서 크게 내려갔던 시장이 반등하면 이런 생각이 들기 마련이다. '저점에서 매수해 고점에서 매도했으면 좋았을 걸…' 이를 영어로는 Buy the Dip한 후 Sell high하고 싶다고 표현한다. 주식 투자자 중 이런 아쉬움을 한 번도 안 느껴본 사람이 있을까? 문제는 저점을 파악하는 데 있다.

당신이 저점이라고 생각하는 때, 진짜 저점인 줄 어떻게 알 것인가?

저점이 저점이 아닐 수도 있다. 저점 매수를 외치다가 최저점이 나타나고, 다시 최최저점이 나타나고, 최최최최저점에 도달하지 않으리란 보장이 없다. 종 잡을 수가 없는 것이다. 매도 매수의 타이밍을 잘 잡는 것은 그만큼 어려운 일이다. 우연히 몇 번 저점 매수에 성공한다 해도, 확률적으로 매번 저점을 맞추기란 불가능에 가깝다.

그래서 나온 말이 차라리 '적립식으로 꾸준히 매수하라'는 것이다. 달러 코스트 애버리징Dollar-Cost Averaging :DCA 전략이 그 예이다. 특정 종목을 주가와 상관없이 정해진 시간 주기에 따라 정해진 금액만큼 기계적으로 매수하는 것으로, "이 방식은 결국 주가 하락 시 더 많은 주를 매입하게 하고 주가 상승 시 상대적으로 적은 주를 매입하게 한 다.미주 중앙일보 인터넷판, <경제용어> 설명 중 인용" 한 마디로, 타이밍을 다 맞 추기는 어려우니 시장이 오르든 내리든 매입하는 것이다. 수학적으로 최고의 방법은 아닐지 모르나 심리적으로는 안정감을 줘서 잘못된 투 자 판단을 예방하는 전략이다.

흥미로운 가정 : 매달 100달러를 투자 용도로 사용한다면

다음의 그래프는 미국 S&P 500 지수에 1달러를 투자했을 때 몇 달 러가 되었는지를 1995년 1월부터 2018년 12월까지 차트로 보여준다. 물가상승률을 반영했으며 배당재투자까지 고려한 수익률이다. 상승 장불마켓이었던 2000년 이전과 2010년 이후에는 저점이 많으며, 2000

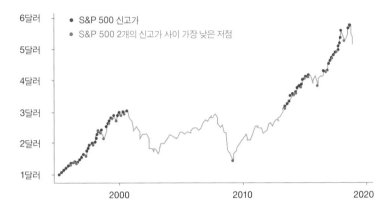

년 버블 닷컴과 2008년 서브 프라임 하락장베어마켓 이후에는 보합장을 지나 2009년에 저점이 하나 보인다.

이런 정보를 바탕으로 한 가지 질문을 해보자. '해당 시기에 만약 완벽한 저점 매수가 가능했다면, 저점 매수와 적립식 매수의 결과는 어떻게 되었을까?'

우연히 투자의 신을 만나 한치의 오차도 없이 저점 매수를 하는 엄청난 초능력을 얻었다고 해보자. 그래프의 빨간색 지점일 때, 다시 말해 기가 막힌 타이밍에 저점 매수를 할 수 있게 된 것이다.

단, 아래와 같은 가정이 붙는다. (물가상승률을 고려한 가정이다.)

첫째, 매달 100달러씩 현금을 모아 두고 있다가 저점일 때 그동안

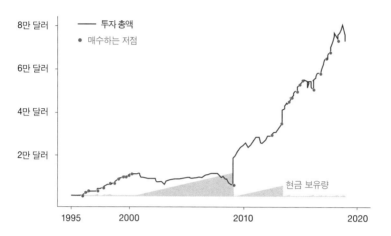

모아둔 돈으로 한꺼번에 사야 한다. 둘째, 매수 후에는 팔지 않는다.

이해를 돕기 위해 위의 그래프에 현금 보유량을 표시했다. 예를 들어 2000~2008년 사이 8년 10개월 저점이 없는 기간 동안 월별로 100달러씩 모아서 만든 10,600달러를 저점에서 투자하는 식이다.

자, 이번에는 같은 기간에 매달 100달러씩 장이 올라가든 내려가든 상관없이 적립식으로 매수했다고 가정해보자. (물가상승률을 고려한 가정이다.) 앞서 언급한 달러 코스트 애버리징 전략을 쓴 것이다. 그리고 마찬가지로 매수 이후 계속 팔지 않았다고 하자.

이상의 2가지 다른 전략의 결과는 어떨까?

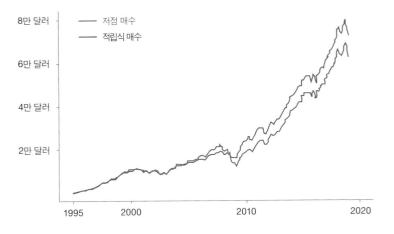

••• 매달 100달러를 저점 매수한 경우 vs. 적립식 매수한 경우

답은 '저점 매수Buy the deep의 수익률이 적립식 매수DCA보다 높다'는 것이다. 위 그래프를 보면 최종적으로는 저점 매수 수익률이 더 좋음을 알 수 있다.

당연한 거 아니냐고? 그런데 잘 보아야 한다. 2009년까지는 적립식 매수 전략의 수익률이 더 높았다. 앞서 보았던 2000~2008년을 지내는 동안 매달 모아둔 10,600달러를 저점에 투자한 것으로, 이 한 번의 저점 매수가 향방을 가른 것이다. 다시 말해, 2000년부터 근 9년 동안 모아둔 현금으로 2009년 대량의 저점 매수를 하고 나서야 적립식 투자보다 저점 매수 전략의 수익률이 높아졌다.

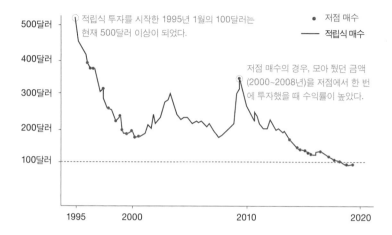

원금 100달러는 현재 얼마가 되었을까 : 저점 매수 vs. 적립식 매수

적립식 투자를 시작한 1995년 1월의 100달러는 현재 500달러 이상이 되었다.

저점 매수의 경우, 모아 뒀던 금액 (2000~2008년)을 저점에서 한 번에 투자했을 때 수익률이 높았다.

● 저점 매수
— 적립식 매수

위의 그래프를 보자. 회색 선은 1995년 1월부터 2018년 12월까지, 적립식으로 매달 부었던 100달러가 얼마로 불어났는지 그 결과를 보여준다. 등락이 있지만 매수 후 한 번도 팔지 않았기 때문에 수익률은 맨 처음 1995년 1월에 투자했던 100달러가 수익률 5배로 가장 높다. 장기 투자와 배당재투자로 인한 복리 효과를 본 것이다.

이에 비해 빨간색 점은 저점 매수한 것으로, 2000년과 2008년을 지내는 동안 월별로 100달러씩 모아둔 10,600불을 저점에 투자한 것이 3.5배 늘어나100달러에서 350달러로 37,100달러가 된 것이다. 그리고 이 한 번의 저점 매수가 최종 포트폴리오의 57%를 차지한다.

이쯤에서 2가지 원칙을 알 수 있다.

첫째, 장기 투자와 배당재투자가 수익률을 높인다. 둘째, 저점에 큰 현금을 투자하면 수익률이 높아진다.

이를 종합하면 결론은 다음과 같다.

투자 초기가 시장의 저점이고 이때 큰 현금을 투자하여 장기 투자 + 배당재투자를 할 경우, 적립식 투자보다 저점 매수 전략의 수익률이 더 높다.

'이쯤 되면 적립식이고 뭐고 저점 매수 전략이 최고 아니야?'라고 생각하는 분이 있을지 모르겠다. 그런데 위에서도 언급했듯이, 저점 매수 전략에는 중요한 전제가 있다. "인생의 타이밍이 맞을 것"이 바로 그것이다.

저점 매수의 성공 포인트 : 주식도, 인생도 타이밍이다

진짜 적립식 매수는 저점 매수 전략보다 수익률이 낮을까? 오로지 심리적인 효과밖에 없단 말인가? 이번에는 다음과 같이 물어보자. '투자 기간을 늘려서, 역사상 기록적인 저점이 없었던 시기에 저점 매수 전략의 수익률과 적립식 투자의 수익률을 비교한다면 어떤 결과가 나올까?'

다시 미국 시장을 보자. 역사상 저점 매수 전략이 가장 효과를 발휘한 것은 1995~2018년, 1928~1957년이었다. 이들 기간의 공통점은? 시장이 가장 크게 하락했던 베어마켓이 포함되어 있다는 것이다.

이 같은 타이밍을 만나지 못하면 인생에 저점 매수의 기회는 아예 없을지도 모른다. 이제 투자 기간을 40년으로 늘리고, 아래 그래프를 보자. 적립식 매수를 기준으로 놓고 저점 매수의 상대적 수익률을 비교한 그래프로, 점선 위에 위치하면 저점 매수가 적립식 매수보다 수익률이 높은 것이며 점선 아래 위치하면 저점 매수가 적립식 매수의 수익률에 미치지 못한 것이다.

1920년대부터 40년간 장기 투자했을 경우, 1930년대의 대공황 및 세계 대전과 관련된 대하락장으로 인하여 저점 매수 전략의 수익률이 적립식 투자보다 20% 정도 좋았다. 그러나 1930년대 베어마켓이

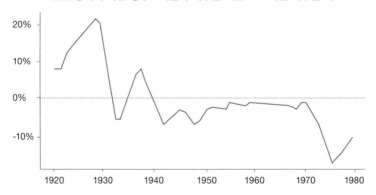

●●● **40년간 장기 투자한 경우 : 적립식 매수를 기준으로 저점 매수를 비교**

끝난 후로 40년간 장기 투자했다면 적립식 투자 방식이 저점 매수보다 나았다. 즉, 전체 기간의 70% 이상 적립식 투자의 수익률이 저점 매수 전략보다 높았다는 것이다. 특히 오일 쇼크로 인한 하락장 이후 1975년 이후부터는 저점 매수 전략이 단 한 번도 적립식 투자 방식의 수익률을 능가한 적이 없다. 1974년 하락장 때 매수 기회를 놓친 사람은 이후 1985년까지 저점이 한 번도 오지 않은 강세장 때문에 저점 매수의 기회조차 잡을 수 없었기 때문이다.

1974년 오일 쇼크 이후로 2000년 닷컴 버블, 2008년 서브 프라임 사태 때 저점 매수를 했다 해도 (현재를 기점으로) 워낙 투자 기간 후반이라 장기 투자의 혜택을 보지 못한다.

••• 1975년 이후 저점 매수 vs. 적립식 매수

우리가 일생 동안 이어나갈 투자 기간이 얼마나 될까? 30대부터 80대까지 투자한다 해도 50년이다. 마침 막 투자를 시작한 시기에 시장이 좋지 않아 저점 매수를 했다면 장기적으로 좋은 수익률을 올릴 것이다. 그러나 은퇴 시기가 다 되어 아무리 저점 매수를 한다 해도 초기 장기 투자 수익률을 능가하기란 어려울 것이다.

그러니 인생의 타이밍이 맞아야 한다는 것이다.

또 하나, 더 중요한 사실이 있다.

매수 타이밍이 단 2개월만 저점에서 벗어난다면, 97%의 경우 적립식 투자가 저점 매수 전략보다 수익률이 높다는 것이다!

다시 처음의 질문으로 돌아가보자.

하락장이 오면 당신은 저점을 잡아낼 수 있을까?

아마 대부분이 진짜 저점인지 아리송해할 것이다. 심리적으로도 쉽게 투자 결정을 내리지 못한다. 이번에는 진짜 저점이라며, 하락장이 온다고 현금을 쟁여놓았다가도 '까딱 잘못하면 몇 년 동안의 투자 기회비용을 날리는 건데' 싶어 망설여질 것이다. 더 큰 문제는, 만에 하나 진짜 저점이 왔는데 더 떨어질까 싶어서 저점 매수 타이밍을 놓치면 그 투자 기회는 다시 돌아오지 않으리란 것이다.

그래서 어쩌라는 거냐고?

시장이 오르든 내리든, 은퇴할 때까지 적립식 투자를 하는 것이 마음도 편하고 수익률도 높이는 방법이다. 미국에 사는 사람이라면 401(K)나 IRA개인 은퇴 계좌처럼 매월 또는 한 달에 2번씩 월급을 적립식 연금 계좌에 넣어 투자하거나, 채권이나 금 등에 분산 투자하는 것이 대체적으로 현명한 방법이다. 아니, 미래를 위해서는 필수일지도 모르겠다.

기억하자. 적어도 미국 시장에서 상승장은 하락장보다 항상 길었다는 사실을.

주식 종목의 리스크를 보는 법

written by **Bull Over Bear**

종목 리스크를 측정하는 데는 여러 정의와 산술식이 있다. 방식에 따라 정확도가 다르기도 하다. 여기서는 간편하고 쉽게 종목 리스크를 보는 방법을 공유하겠다. 나스닥은 주식 종목별 리스크 평가 툴을 https:// old.nasdaq.com/symbol/티커/risk에 공개하고 있다. 티커 부분에 관심 주식의 티커종목별 고유 기호를 기입하여 인터넷 주소창에 입력하면 나스닥에서 정한 리스크 기준에 따른 점수가 나온다. (예를 들어, 아마존 티커 : AMZN을 찾는다면 https://old.nasdaq.com/symbol/amzn/risk를 입력한다.) 단, 기억해둘 것이 있다. 리스크와 수익률 간에는 큰 상관관계가 없다는 것이다. 리스크가 크지만 수익률이 높은 종목을 찾는 사람이 많으나, 리스크가 크면 그냥 리스크가 큰 상태로 끝날 가능성도 농후하다. 반대로 리스크가 적은 종목으로 큰 수익을 얻는 경우도 있다. 개인적으로 필자는 포트폴리오의 비중을 조절할 때 리스크 점수를 참조한다.

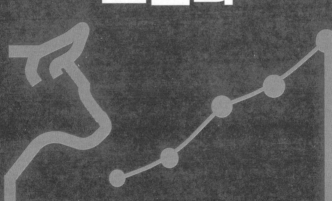

PART 02

현지 시장을 알면
오를 종목이
보인다

#현지피셜 #급등주
#한국_투자자들은_알기_어려운

지난 실적만 보고 투자하는 것은

존 보글 John Bogle

백미러만 보고 운전하는 것과 같다

미국의 신용카드 회사들은
망하지 않는다

결제 시장에서 어깨를 나란히 하는 대장주를 꼽으라면 단연 비자VISA, V와 마스터카드Mastercard, MA일 것이다. 특히 비자는 2019년에만 9월 초 기준 34% 상승했으며, 2018년 초부터 살펴보면 무려 56%의 상승을 보였다. 오르막을 그리는 이들의 주가를 보면 의구심이 들 수 있다. 전 세계적으로 현금 사용이 줄어들고 지불결제 시장이 디지털화되어 가는 마당에, 이들 신용카드 회사들이 미국주식시장을 선도하는 이유가 무엇일까?

미국에서 신용카드크레디트 카드는 단순히 결제를 간편하게 해주는 편리성 이상의 의미를 가진다. 이는 현지에 살지 않는 분들은 이해하기 힘든 부분이다. 이걸 알아야 관련 종목들의 움직임이 보일 것이기

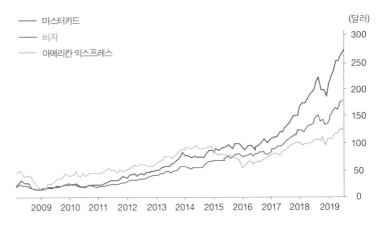

●●● **주요 신용카드 회사들의 주가 흐름**

——— 마스터카드
——— 비자
——— 아메리칸 익스프레스

(달러)

에, 미국의 신용 시스템에 대해 적어볼까 한다.

신용 사회, 미국 : 그 시스템의 출발점에 신용카드가 있다

미국은 신용크레디트이 전부인 사회, 즉 '신용 사회'라고 하는 이야기를 많이 들어봤을 것이다. 미국에서는 은행 계좌 개통, 전화 개통 같은 비교적 사소한 일들부터 자동차나 집을 사기 위해 비교적 큰 금액의 대출을 받는 일까지 모두 파이코FICO, 페어아이잭코프 社가 제공하는 미국의 개인신용평가 서비스라고 하는 시스템에서 부여하는 점수를 확인해 이뤄진다. 이 파이코 점수가 바로 본인의 신용 점수이다.

이 파이코 시스템의 점수는 개인이 일생을 살아오면서 했던 금전 거래에서 얼마나 빚을 잘 갚았는지를 계량화한 것이다. 그리고 그 출발선에 있는 것이 바로 신용카드의 사용이다. 신용카드 자체가 빚을 지고 결제한 후에 정해진 기일에 갚는 시스템이기 때문이다. 사회 초년생들은 신용을 쌓기 위해서 일부러 신용카드를 많이 사용한다. 그렇게 해서 결제일에 성실히 갚아나가는 금액이 커질수록 파이코 점수는 점점 높아진다. 파이코 점수를 높이기 위해 일부러 은행 빚을 진 후에 갚아나가는 등의 일도 많이 한다.

그 결과 자동차 대출을 받을 정도의 신용이 쌓이고, 또 그 대출을 잘 갚으면 나중에는 집을 살 수 있을 정도의 신용도 생긴다. 어느 정도 이율로 대출을 받을 수 있는지는 모두 이 파이코 시스템에서 부여하는 본인의 신용 점수에 의해 결정된다.

한편, 신용카드를 쓰고 제때 잘 갚지 않은 사람들은 낮은 점수를 받게 되고, 이런 기록이 쌓이면 나중에 큰돈을 대출받아야 할 때에 높은 이자율을 물거나 아예 대출이 거절될 수도 있다. 그래서 미국인들은 신용 관리에 신경을 아주 많이 쓴다. 필자의 주변에는 2007년 서브 프라임 사태 때문에 신용 상태가 완전히 망가진 후, 고액 연봉을 받는데도 (대출을 받지 못해) 집을 사지 못하고 렌트를 전전하는 사람도 있다.

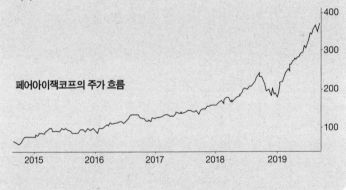

파이코 시스템, 광범위하게 활용되는 미국의 신용 점수

페어아이잭코프Fair Isaac Corporation 社가 1989년 발표한 파이코 시스템은 오늘날 미국의 대다수 은행 및 보험사, 신용 관련 기관에서 사용된다. 파이코 점수는 개인의 재무 기록을 분석, 파산 위험을 측정하도록 설계되어 있다. 페어아이잭코프가 공개하는 기본 구성 요소는 지불 내역과 부채 부담, 신용기록 기간, 할부나 모기지 등 사용된 신용 유형, 신용 점수 조회 내역 등이다.

파이코 점수는 각종 대출이나 보험, 부동산 임대차 외에 심지어 기업의 고용 결정 시에도 사용될 정도로 광범위하게 활용된다.

참고로 페어아이잭코프는 뉴욕증권거래소에 상장되어 있으며 티커는 FICO 이다.

페어아이잭코프의 주가 흐름

대부분의 개인이 일평생 살면서 가장 큰 금액을 지출하는 항목은 주택 구매일 것이다. 많은 사람이 이것을 목표로 저축하고 투자도 한다. 미국에는 주택 구매를 위한 대출을 정점으로 하는 신용 시스템이 확고하게 자리 잡고 있다. 그리고 그 출발선에 있는 것이 신용카드의 사용이다. 이런 신용 시스템이 다른 무엇으로 대체되지 않는 이상 미국의 신용카드 비즈니스는 결코 사라지지 않으리란 것이 개인적인 견해다. 언젠가는 미국에도 모바일 페이나 다른 대체 결제 시스템이 플라스틱 신용카드를 대체하는 날이 오겠지만, 그 밑바탕에는 여전히 신용 시스템과 신용카드 회사들이 존재할 것이다.

written by Kenneth J. Ro

10년 뒤 아마존은
어떻게 될까?

미국에서 30년 넘게 살다 보니 미국 사회 및 시장의 변화와 관련해 느끼는 점이 많다. 이번 장에서는 오늘날 아마존Amazon, AMZN이 있기까지 일들을 필자의 관점으로 한번 설명해보려 한다.

중저가 백화점

필자가 미국에 막 왔던 80년대만 해도 중저가 백화점이 있었다. 제일 유명한 곳은 시어스sears였으며, 케이마트k-mart, 울워스woolworth 등 서민들이 애용하는 비교적 저렴한 중저가 백화점들이 호황을 누리던 시절이었다.

인도어 스왑밋

80년대 중반부터 인도어 스왑밋Indoor swapmeet이라는 것이 유행하기 시작했다. 스왑밋Swapmeet은 한국의 5일장과 비슷하게 생각하면 된다. 정해진 날짜마다 학교 운동장이나 동네 공터에 사람들이 모여서 물건을 팔던 시장으로, 당시 한국인 중에는 깡통 밴 트럭에 한국이나 대만 등에서 수입한 저렴한 옷, 신발, 잡화 등을 가지고 다니며 시골마을 곳곳의 스왑밋 스케줄을 따라서 돈을 버는 사람들이 많았다. 가격이 워낙 저렴한 데다 미국의 시골 동네에서는 못 보던 물건들이라 장사가 잘되었다.

그러나 언제까지고 장돌뱅이처럼 돌아다닐 수는 없는 노릇이다. 어느 날부터 큰 창고나 큰 건물을 임대한 후 한국에서 흔히 볼 수 있는 상가 형식으로 매장을 나눠 아시아 국가에서 수입한 싼 제품을 1년 365일 파는 시장이 만들어졌는데, 이때 새로 생긴 신조어가 인도어 스왑밋이다.

당시엔 이게 얼마나 유행했던지 인도어 스왑밋 사업으로 집 사고 부자가 된 사람이 많았다. 한국에서 누가 오면 손 붙잡고 스왑밋 장사를 하라고 권유했던 시절이었다. 앞서 언급한 중저가 백화점들은 바로 이 스왑밋 때문에 몰락하게 되었다. 임대료도 저렴한 데다 열심히 장사하는 한국인들 때문에 인도어 스왑밋과의 경쟁에서 밀린 것이다.

월마트의 평정

인도어 스왑밋이 잘되는 동안 월마트Walmart, WMT는 중국 등에서 저렴하고 가성비 좋은 제품들을 대량 주문해 스왑밋 가격으로 훨씬 쾌적하고 넓은 곳에서 팔기 시작했다. 물론 그전부터 월마트는 있었다. 그러나 '월마트 = 저렴하고 가성비 좋은 제품'이라는 공식은 중국과의 무역으로 시작됐다고 봐야 한다. 인도어 스왑밋과의 경쟁 결과는? 월마트의 승리였다.

아마존의 등장

미국은 땅이 넓은 데다 인구 밀도가 낮은 나라이다. 이런 곳에서 아마존은 2일 만에 배송해주는 서비스를 선보이며 온라인 쇼핑계를 평정했다. 여기에 더해, 컴퓨터 보급률이나 인터넷 가입률이 낮았던 시절을 지나 스마트폰이 유행하면서 빈부에 상관없이 누구나 스마트폰으로 아마존 사용이 가능한 시대가 되자 아마존은 월마트를 위협하는 존재가 된다.

여기까지는 독자 여러분도 아는 내용일 것이다. 그렇다면 앞으로 아마존은 어떻게 될까?

미국은 뚜렷이 양극화되어 가고 있다. 백화점에 입점해 있는 쇼핑몰은 북적이는 반면, 거리의 가게들은 계속 망해간다. 원인은 아마존이다. 미국의 특성상 오프라인에서는 물건 하나를 사려해도 운전해서 나가야 하는데, 아마존을 이용하면 앉은자리에서 어지간한 물건을 모두 구입할 수 있기 때문이다.

백화점 쇼핑몰은 거리의 소매상점들과는 이야기가 다르다. 구경할 거리도 많고, 영화관이나 음식점 등 즐기고 먹을거리가 풍부하다. 게다가 요즘은 백화점에서도 온라인 가격을 보여주면 그 자리에서 온라인과 동일한 가격에 맞춰준다. 아마존에서 구매해 배송되기까지 며칠을 기다릴 필요가 없는 것이다. 즉, 쇼핑몰은 차를 타고 나갈 만한 공간이란 뜻이다.

머지않은 미래, 쇼핑의 패러다임은 다시 바뀔 수 있다

10년 안에 자율 주행 우버나 차량 등이 개발되면 백화점에서 고객에게 자율 주행차를 보내 주는 세상이 오지 않을까? 셔틀버스 등을 운행하는 백화점은 미국에도 있지만 특정 장소에 모여야 한다는 단점이 있다. 자율 주행차를 고객 집에서 가장 가까운 곳에 있는 차량과 연결해서 보내주면 고객은 기다릴 필요가 없어진다. 쇼핑 후에 짐이 많으면 큰 자율 주행 차량으로 배송 서비스를 해줄 수도 있다.

가짜 리뷰에 떠나가는 고객들, 아마존의 대응책은 성공할 수 있을까

$

지난 몇 년간 아마존은 온라인 시장에서 80%에 가까운 점유율을 보였다. 이처럼 높은 구매율의 이면에는 아마존 유저들의 제품 리뷰가 큰 몫을 했다. 그런데 온갖 꼼수로 리뷰를 도배시키다 보니 소비자들은 더 이상 아마존 리뷰를 믿지 않게 되었고, 이로 인한 여파를 실감한 아마존은 2년 전 급기야 자기 살을 도려내는 큰 결단을 하게 된다.

바로 '가짜 리뷰 척결'이 그것으로, 조직적으로 가짜 리뷰를 생산한 셀러들을 다 쫓아내 버렸다. 그 결과 월 10만 달러, 20만 달러 매출을 올리던 아마존 셀러임에도 불구하고 하루아침에 낙동강 오리알 신세가 된 이들이 적지 않았다.

그렇다면 가짜 리뷰는 어떻게 생성되었던 걸까?

토모슨Tomoson이라는 이름의, 나름 유명한 인플루언서 마케팅 업체가 있다. 토모슨이 아마존 쿠폰을 발행해 인플루언서들에게 그것을 나눠주면, 인플루언서들은 그 쿠폰으로 아마존에서 물건을 구입한 뒤(쿠폰을 이용해 저렴하게 또는 아예 공짜로 물건을 살 수 있었다) 아마존에 제품 리뷰를 올린다 —이런 방식으로 '(어쨌거나 물건을 구매해 사용했으므로) 합법적인' 가짜 리뷰가 생성된 것이다. 이 사이트만 알아도 매상이 몇 배씩 올라가던 시절이 불과 3년여 전이다.

그러나 이로 인해 빈익빈 부익부 현상이 생기자 아마존은 인센티브 리뷰insentive review, 즉 대가성 리뷰라는 신조어를 만들며 이를 금지시켰다. 토모슨은 법정 싸움을 불사하겠다는 태도로 아마존에 항의했으나, 미국 최고의 변호사들을 수천 명 보유한 공룡 기업 아마존을 어찌 이기겠는가. 결국

항복하고 말았다.

문제는 아마존이 얼리 리뷰어 프로그램, 기브어웨이 프로그램, 바인 프로그램 등 사실상 토모슨의 리뷰 만들기와 비슷한 서비스들을 아마존 셀러들에게 돈을 받고 제공하고 있다는 것이다. 토모슨의 가짜 리뷰들이 사라진 이후에도 소비자들이 아마존 리뷰를 믿지 않는 이유이다.

결국 가장 영향력 있는 것은 유튜버들의 리뷰가 되었다. 아마존이라고 이를 모를 리 없다. 그래서 유튜브와 페이스북, 인스타그램, 트위터 등 소셜 네트워크의 인플루언서들을 모아 자체 인플루언서 조직을 만들려 한다. 2017년에도 아마존은 스파크Spark라는 이름의 소셜 쇼핑 서비스를 론칭한 적이 있었다. 다른 소비자들이 공유한 제품 후기와 사진을 보며 쇼핑을 하는 이 서비스는 개시 2년 만에 조용히 사라졌었다. 아마존이 과연 이번에는 성공할 수 있을까?

그렇다면 자율 주행 차량의 운영비는 어떻게 감당할까? 미국에서는 차 없이 백화점에 가는 일은 상상할 수 없으므로, 쇼핑몰 규모에 버금가는 주차장이 반드시 존재한다. 그 주차장 공간에 쇼핑몰을 넓히면 임대 수익이 어마어마할 것이다. 주차장 유지비를 생각한다면 자율 주행 차량 서비스도 충분히 가능할 테다.

어쩌면 10년 후, 아마존을 망하게 하는 건 지금의 대형 쇼핑몰일 수도 있지 않을까?

필자가 상상하는 미래 시나리오는 이렇다.

— 스마트폰을 켜고 쇼핑몰 픽업 버튼을 누른다. 집 앞에 나가면 쇼핑몰에서 보낸 자율 주행 차량이 대기하고 있다. 운전할 필요 없이 쇼핑몰로 가다가, 가는 길에 일행이 있으면 픽업도 한다. 쇼핑하면서 구입한 물건은 힘들게 들고 다닐 필요 없이 스마트폰 월렛으로 결제하면 (마치 공항에서처럼) 컨베이어 벨트를 이용해 정해진 장소로 보내진다. 쇼핑 후에는 식사를 하고 영화도 한 편 보고, 저녁에는 쇼핑몰에서 준비한 밴드의 야외 콘서트를 보며 맥주도 한잔 한다. 어느덧 집에 갈 시간이다. 스마트폰으로 픽업 서비스를 부르고 자율 주행차를 타면 쇼핑한 제품들이 이미 차에 실려 있다.

근미래에 충분히 실현 가능한 일들로, 기존 백화점들도 살아남기 위해 이 같은 서비스를 궁리할 것이다. 아니, 어쩌면 아마존이 이런 백화점을 먼저 만들지도 모를 일이다. 무인 스토어인 아마존 고를 론칭하거나 홀푸드 등을 인수한 행보로 보아 언젠가는 아마존이 직접 오프라인 쇼핑몰을 운영할지도 모를 일이다.

고객들은 여전히 경험을 중시한다. 대형 멀티 쇼핑몰들이 '쇼핑'이란 이름을 달고 복합몰 안에 먹을거리와 볼거리, 놀 거리를 가득 채우는 것은 바로 그 때문이다. 한 마디로 쇼핑이란 경험을 하나의 유희로 만들어주는 것이다. 재미를 추구하는 인간의 본성이 미래 쇼핑 트렌드를 예측하는 데 하나의 힌트가 될지 모른다.

앞으로의 쇼핑과 관련해 한 가지 필자가 확신하는 것은, 어찌 되든 10년 뒤 쇼핑은 지금의 스마트폰으로 아마존 앱을 눌러 물건을 사는 것과는 또 다른 패러다임의 영향을 받으리란 점이다. 그때가 되어도 아마존이 지금의 아성을 유지할 수 있을까, 혹은 다른 어떤 업체가 제2의 아마존으로 떠오를 것인가?

written by Kenneth J. Ro

우버와 아마존은
왜 트럭 사업에 투자할까

우버Uber, UBER와 리프트Lyft, LYFT, 두 회사 모두 미국주식을 이야기할 때 빠지지 않지만 한국에서는 만나기 힘들다는 공통점이 있다. 한국에서 우버는 우버이츠와 우버택시를 서비스하고 있으며, 리프트는 진출하지 않음. 그래서 한국에 계신 투자자들 중에는 우버와 리프트의 동향을 잘 이해하지 못하는 경우가 많다. 미국에 살다 보면 우버가 리프트보다 앞서 나간다고 느끼게 되는데, 그 이유는 미래를 위한 투자무인 운전 그리고 우버이츠배달 서비스 때문이다. 특히 무인 운전은 5G가 활성화되고 인공지능 기술이 발전함에 따라 급속한 속도로 정착되리라 생각된다. '운전사'라는 직업이 사라질 날이 머지않았다.

여기에 더해 주목할 것이 바로 우버의 트럭로드LTL, Less-Than-Truckload 서비스이다. 미국은 땅이 넓고 고속도로가 잘 되어 있어서 트럭 배송이 매우 활발하다. (역사적으로 보면 미국의 보수 기득권층들이 기름을 팔기 위해 기차와 철로를 없앴고 그로 인해 화물 트럭이 대세가 된 것이지만.) 할리우드 영화를 보면 엄청난 길이와 크기를 자랑하는 트레일러를 볼 수 있는데, 바로 그러한 화물 트럭들이 고속도로를 쉼 없이 오고 간다.

특히 몇 년 사이 아마존 등 온라인 쇼핑몰로 인한 배송량이 많아지면서 일반인판매자들의 화물 트럭 수요가 늘었는데, 이러한 트레일러 시장에 우버가 뛰어들었다. 트레일러 기사와 셀러를 연결시켜 주는 서비스, 우버 프레이트Uber Freight를 선보인 것이다.

화물차 운전자와 화주(셀러)를 연결해주는 우버 프레이트 플랫폼
출처 : 우버 프레이트 홈페이지

여담이지만, 아마존이나 여타 온라인 쇼핑 서비스가 유럽에서는 큰 힘을 발휘하지 못하는 이유로 큰 트럭이 다니기 힘든 오래된 유럽 도시들의 도로 사정이 꼽힌다. 반대로 생각해보면, 미국 유통의 힘은 커다란 트레일러들에서 나온다 해도 과언이 아닌 것이다. 그 트레일러 시장을 우버가 넘보고 있다.

아마존도 투자한다 : 미국에서 트럭의 위상

아마존 또한 트럭 사업에 투자했다. 2019년 2월, 전기 트럭과 SUV를 생산하는 회사 리비안Rivian에 7억 달러를 투자한 것이다. 하고많은 회사 중에 왜 트럭 회사일까? 이를 이해하기 위해서는 미국 생활에서 트럭의 위상에 대해 알 필요가 있다.

미국 자동차 회사는 픽업트럭Pickup Truck, 한국의 용달차 비슷한 모양의 차량 판매로 먹고 산다고 해도 과언이 아니다. 2018년도 미국 내 자동차 판매 순위만 봐도 1위는 포드의 F 시리즈, 2위는 쉐보레 실버라도 시리즈, 3위는 닷지 램 시리즈로 모두 픽업트럭이었다. 4~6위는 SUV인 닛산 로그, 혼다 CR-V 도요타 라브 등이고, 승용차의 베스트셀러인 도요타 캠리는 7위를 차지했다. 참고로, 이런 점을 미국 대도시에 사는 대다수 교민들은 이해하기 힘들어한다. 도시에는 그래도 승용차가 많

순위	시리즈(차종)	판매량	순위	제조사 및 모델	판매량
1	포드 F 시리즈 (픽업트럭)	909,330	6	혼다 CR-V(SUV)	397,013
2	쉐보레 실버라도 (픽업트럭)	585,581	7	도요타 캠리(중형차)	343,439
3	닷지 램 (픽업트럭)	536,980	8	쉐보레 이쿼녹스 (중형차)	332,618
4	도요타 라브4 (SUV)	427,170	9	혼다 시빅(중형차)	325,760
5	닛산 로그 스포츠 (SUV)	412,110	10	도요타 코롤라 (중형차)	303,732

기 때문이다.

유럽에서 가장 많이 팔리는 자동차가 폭스바겐 골프인데 반해, 미국인의 트럭 사랑은 남다르다. 포드 F 시리즈는 2018년 전 세계적으로 110만 대가량 팔렸는데, 미국에서만 90만 대 이상 판매됐다. 같은 해 쉐보레 실버라도는 58만 대, 닷지 램은 53만 대가 팔렸다.

미국은 자국의 트럭 시장을 보호하기 위해 픽업트럭에 관세를 어마어마하게 붙인다 일반 자동차는 2.5%, 픽업트럭은 25%. 도요타나 닛산 등에서 트럭을 판매하다 결국 포기한 이유가 바로 관세 때문이다. 미국 자동차 3사인 포드, 쉐보레, 닷지 모두 픽업트럭으로 먹고사는 것이 현실이다.

유독 미국에서 픽업트럭이 선호되는 이유

미국인들이 유독 픽업트럭을 사랑하는 이유는 무엇일까?

첫째, 자연환경이 험하다. 대도시도 외곽 지역의 자연이 험한 편인데, 시골은 말할 것도 없다. 한마디로 승용차를 끌고 다닐 환경이 아니다. 개울도 지나고, 쓰러진 나무도 밟고 가고, 자갈길도 달릴 차가 필요하다.

둘째, 배달비가 비싸다. 시골의 경우 부피가 큰 공산품을 사려면 차로 2시간을 달려 대도시까지 나가야 하는데, 기본적으로 인건비가 비싼 데다 그 거리를 배송시키면 배보다 배꼽이 더 커진다. 아마존이 아무리 잘 나가도 가구나 가전제품처럼 큰 물건은 월마트나 베스트바이, 이케아에 직접 가서 사는 게 저렴하므로 직접 가서 사서 가져오려면 픽업트럭이 제일 편하다.

셋째, 농사 지을 때 편리하다. 픽업트럭은 미국 시골에서 농사를 지을 때 다용도로 사용된다. 시골에 가면 거의 집집마다 한 대씩 있는, 마치 한국의 경운기 같은 존재라 할 수 있다. 독자들은 '미국에서 농사를 짓는 사람이 얼마나 되겠어?'라고 생각할지 모른다. 이해를 돕기 위해 실제 사례를 들어보겠다. 미국에 옥수수를 팔아 돈 버는 카길 형제란 사람들이 있었다. 이들은 주식 상장도 없이 전 세계 10위 안에 드는 부자가 되었다. 오늘날 세계 최대의 곡물 기업인 카길Cargill은 여전

외곽 지역에서 흔히 볼 수 있는 픽업트럭 출처 : 픽사베이

히 개인 소유의 회사로서, 최대 규모의 비상장 기업이다. 이 사실만 봐도 미국의 농산물 생산량이 상상을 초월한다는 걸 짐작할 것이다.

넷째, 미국인들은 거의 혼자 차를 타고 다닌다. 개인주의적 성향이 큰 데다, 식구 수대로 차가 있으니 좌석이 2개뿐인 픽업트럭이 전혀 불편하지 않다. 그래서 많은 미국인이 특히 아들들에게 첫 차로 픽업트럭을 사준다. 픽업트럭은 집에 한 대쯤 필요한데 이미 나이 든 아버지는 본인 차로 내키지 않으니, 원래 타던 픽업트럭을 아들에게 물려주거나 아예 사주는 경우가 흔하다.

전기 픽업트럭, 미국 차 시장의 새로운 다크호스가 될까

아마존이 투자한 리비안은 전기 트럭 스타트업이다. 필자가 보기엔 적어도 미국에서는 테슬라의 전기 승용차보다 리비안 전기 트럭의 전망이 더 좋을 수 있다.

전기차의 가장 큰 문제는 충전 인프라이다. 그래서 전기차를 도시 혹은 국가적으로 장려하는 경우 가장 먼저 하는 일이 곳곳에 전기차 충전소를 갖추는 것이다. 문제는 미국이 어마어마하게 큰 땅덩어리의 나라라는 점이다. 시골에 가면 드문드문 있는 주유소에 가는 것도 일이다. 그런데 집에서 간편하게 충전이 가능하다면? 주유 한 번 하러 멀

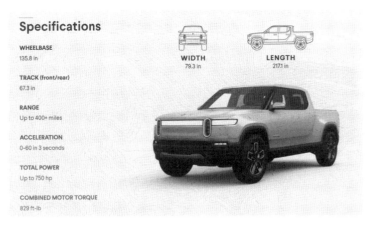

리비안의 전기 픽업트럭 R1T　출처 : 리비안 홈페이지

리 왔다 갔다 하느니, 집에 전기차 충전 시스템을 설치하는 것이 편리할 것이다. 미국 시골에 사는 사람들은 집도 크니 설치 장소는 문제가 되지 않는다. 그리고 이들이 가장 애용하는 것이 바로 픽업트럭이다.

참고로, 테슬라가 고가 정책으로 부유층 상대의 전기 승용차 비즈니스를 시작한 이유는 임대 아파트나 콘도에 사는 사람들의 경우 차고에 충전 시스템을 갖출 수 없기 때문이다. 그래서 자기 차고에 충전기를 놓을 만한 (대저택을 가진) 부유층을 타깃으로 한 것이다. 전기 픽업트럭은 테슬라와는 정반대 시장을 노리고 있다 하겠다.

테슬라를 소유할 정도의 부자들과, 전기 픽업트럭을 소유할 미국 시골 사람들의 숫자는 비교가 안 될 것이다. 결론적으로 리비안이 더 많은 판매량을 올릴 것이라 생각된다. 그리고 장차 미국 자동차 브랜드를 위협할 큰 다크호스가 될 듯하다.

written by Kenneth J. Ro

한국인들은 잘 모르는
우버와 리프트의 정체

앞서 우버 이야기를 했기에, 리프트에 관해서도 이야기해보자. 이들

차량 공유 서비스•에 대해 말하기 앞서 미국

대중교통·택시, 지하철, 버스 등 환경을 살펴볼 필요

가 있다.

　미국은 대중교통 체계가 엉망인 데다가 가

격도 비싸다. 그나마 뉴욕의 대중교통 시스템

이 가장 좋으며, 미국에서 두 번째 도시라 할

차량 공유 서비스•

택시는 물론이고 일반 차량 등의 운전자와 승객을 스마트폰 애플리케이션으로 연결해주는 대표적인 공유경제 서비스

LA의 경우만 해도 차 없이 산다는 건 상상할 수 없다. 번화가가 아니

면 한 시간에 한 번 버스가 다니는 곳도 많다. 한국의 등하교 풍경 하

면 온갖 교복이 뒤섞인 혼잡한 버스부터 떠올리게 되지만, 미국은 다

86

르다. 필자가 고등학교에 다니던 시절, 학교 가는 버스는 하루에 (등하교 각 3번씩) 딱 6번 다녔다. 미국 드라마에 엄마나 아빠가 아이들을 학교에 데려다주며 배웅하는 장면이 많은 것은 바로 이런 까닭이다.

LA 공항에서 한인타운까지 대중교통을 이용해 이동하려면 서너 번의 환승을 거쳐 두 시간은 족히 걸린다. 한인타운은 LA 중심부와 가까운데도 불구하고, 한인타운에서 LA 시내까지 가는 택시비는 우리 돈 10만 원을 훌쩍 넘는다. 15년 전 120달러 정도였으니, 요즘은 더할 것이다. 아니, 택시 타 본지가 왜 이리 오래되었냐고? 미국 택시가 살벌하게 비싸기 때문이다. 필자는 미국에서 34년을 살았으나 택시를 타본 건 열 번이 채 안 된다. (한인타운에는 한인들이 불법으로 운영하는 택시가 있었는데, 일반적인 미국 택시보다는 저렴하나 한국에 비하면 매우 비싼 수준이었다.)

또 한 가지, 한국에 있는 그 좋은 대리운전이란 게 미국에는 없다. 한인 타운에 대리운전 비슷한 것이 있긴 하지만, 대중교통이 미비한 관계로 대리운전자를 태워서 돌아갈 차 한 대가 더 따라붙는다. 그래서 이를 동시 픽업이라고 한다. 한인 택시들이 50달러 정도에 이 같은 동시 픽업을 해주고 있다.

이런 상황에서 등장한 우버와 리프트는 미국인들, 특히 대도시 미국인들의 생활에 있어서는 혁명적인 것이었다. (아직 미국 전역에 이들 서비스가 퍼져 있지는 않다.)

LA에서 음주운전 단속에 처음 걸리면 벌금이 5천 달러, 두 번째 걸리면 벌금이 만 달러이다. 세 번째 걸리면 영주권자는 추방당할 수도 있다. 앞서 말했듯 미국은 차 없이는 오고 가는 일이 지옥이다. 그러니 친구들과 가볍게 한잔 하려 해도 무조건 차를 타고 나가야 한다. 한인타운에서는 동시 픽업을 이용할 수라도 있지만, 일반 미국 가정에서는 부부든 친한 이웃이든 운전할 사람이 반드시 함께 움직여야 한다. 발레 파킹비는 또 어떠한가? 2~3달러 하는 한인타운이 그나마 저렴한 편으로, 미국의 고급 레스토랑이나 백화점은 발레 파킹비만 20달러 이상인 곳도 많다. 거기에 팁도 줘야 한다.

그러나 이제는 우버나 리프트가 있다. 우버나 리프트 차량을 타고 시내에 저녁 약속을 나가고, 부모가 자녀들을 학교에 바래다 주기 힘들면 우버나 리프트를 호출해 태워 보낸다. 발레 파킹을 하느니 우버나 리프트 차량을 타고 갔다가 돌아오는 편이 경제적이다. 필자의 경우 얼마 전 공항에 갈 때 지인 한 명과 함께 리프트를 이용했는데, 택시였다면 100달러가 넘었을 이동비가 14달러에 그쳤다.

이렇다 보니 어려서부터 자차를 몰던 경향도 바뀌었다. 특히 대도시 다운타운에 사는 젊은 층 가운데 차 없이 사는 사람이 많아졌다. LA를 예로 들자면 평범한 방 한 칸의 월세가 1,500달러 정도이며 깔끔

한 방 2개짜리 집은 3천 달러 이상이다. 월세만도 이미 청년층이 월급으로 감당할 수준이 안 된다. 그래서 외곽에서 저렴한 방을 찾지 않는 이상 혼자 사는 경우가 드물다. 이런 이중고 속에서 다운타운에 살기를 선택하는 대신 차량을 소유하지 않고 우버나 리프트를 이용하는 젊은 층이 늘고 있다.

현지에서 체감하는 바, 지난 5년간 우버와 리프트 서비스가 퍼져나가는 속도는 가히 상상 이상이었다.

미국 대도시인들의 삶을 바꿔놓은 우버와 리프트

그렇다면 우버와 리프트 중 미국인들이 더 애용하는 서비스는 무엇일까? 우버가 시장을 선점하기는 했으나, 2가지 서비스 모두 자체 차량이 아닌 운전자들의 차량을 이용하는 것이므로 딱히 어느 쪽이 낫다고 하기 힘들다. 그래서 대부분의 사람들이 세일 쿠폰을 주는 쪽을 사용한다. 한 날은 리프트의 세일 쿠폰이 뿌려지니 모임의 사람들이 모두 리프트를 타고 온 경우도 있었다.

IPO ●
신규 상장을 위한 기업 공개(Initial public offering)

다시 한번 강조하건대, 우버와 리프트는 미국 대도시 사람들의 삶의 패러다임을 통째로 바꿔놓았다. 적자 기업이 IPO ●를 했다고 걱정하는 사람이 많다. 그러나 나스닥이 바보도 아니고, 망할 회사를 IPO까지 시켜줄 리 없다. 주가가 반드시 매출에 비례하는 것 또한 아니다. 테슬라의 예가 대표적이며, 페이스북 또한 상장 후 몇 년이나 적자 상태였다.

주가에는 그 회사의 미래에 대한 전망과 기대가 반영된다. 미국의 대표적 대도시에 사는 입장에서는 우버와 리프트의 미래가 밝다고 여겨진다. 우버가 독점하리란 생각은 하지 않는데, 이유는 위에서 말했듯 두 서비스는 기본적으로 동일하기 때문이다. (상당수 운전자가 우버와 리프트에 모두 등록돼 있다.) 그런 이유로 언젠가 리프트가 우버를 앞질러도 이상하지 않을 것이다.

리프트와 우버에 관해 이야기하면 공유경제에 대한 설명이 이어지는 경우가 대다수다. 그러나 이들 주식을 제대로 파악하기 위해서는 이번 장에서는 기술한 미국 상황에 대한 다소간 이해가 필요하다는 생각이다.

written by Kenneth J. Ro

넷플릭스는
스트리밍 회사가 아니다

스트리밍 업체로 유명한 넷플릭스Netflix, NFLX가 스트리밍 회사가 아니라니, 무슨 뚱딴지같은 소리냐 할 수 있다. 이에 관한 설명을 하기에 앞서 넷플릭스가 성장할 수 있었던 미국 시장의 배경을 되짚어볼 필요가 있다. 대체 미국인들은 왜 그렇게 넷플릭스에 열광한 것일까? 넷플릭스는 어떻게 놀라운 성장을 이룰 수 있었나?

미국 비디오 시장은 어떻게 넷플릭스로 귀결되었는가
케이블티비(CATV)

대학 시절의 일이다. TV 브로드캐스팅TV Broadcasting 강의를 듣는

데 하루는 교수가 CATV가 무엇인 줄 아느냐고 물었다. 케이블 티비 Cable TV의 약자가 아닌가 했으나, 정답은 커뮤니티 안테나 텔레비전 Community Antenna Television이었다.

미국은 인구에 비해 땅이 엄청 크다. 인구 밀도가 낮다 보니 인프라 구축에 있어 투자 대비 수익이 낮을 수밖에 없다. 이런 이유로 인구 밀도가 낮은 곳에는 TV 안테나를 많이 세울 수 없었고 자연히 난청 지역이 많았다. 그래서 지역 공동체에서 큰 안테나를 설치한 뒤 케이블로 집집마다 연결시켜 주던 것이 커뮤니티 안테나Community Antenna, 즉 케이블 티비의 시초가 되었다.

케이블 방송국의 전성기

미국 내에서 케이블 티비가 보편적으로 보급되어 감에 따라 80년대부터는 지역 케이블에 지역 방송들을 추가로 방송하며 스타 방송국들이 생겨났다. MTV, HBO, ESPN, 디스커버리Discovery 등이 대표적이다. 그러면서 공중파 방송보다 케이블 방송이 더 인기를 끄는 시대가 도래한다.

비디오 대여점의 성장

80년대, 가정용 비디오가 많이 보급되면서 비디오 대여점은 호황을 맞는다. 소니가 개발하고 (한국에서도) 대우가 판매하던 베타 방식의 비디오테이프는 당시 테이프 하나당 90분이라는 제약 때문에 대여점에서 홀대받고 일반 시장에서는 사장되었다. (향후 소니가 방송용 베타캠이라는 포맷으로 변환하여 방송계를 장악하긴 했다.) 기술의 판도를 바꿀 만큼 비디오 대여는 한국에서나 미국에서나 뜨거운 시장이었다. 90년대 초에는 '블록버스터'라는 비디오 가게가 '올해의 기업'으로 선정될 정도로 비디오 대여 업체들이 성장했다.

DVD 시대의 도래

비디오테이프 시대를 지나 DVD가 등장하며 변화가 생겨났다. 비

80년대 전성기를 누렸던 블록버스터 엔터테인먼트의 체인점
ⓒ Stu pendousmat, Wikimedia Commons

디오는 화질 저하 방지를 위해 실시간 복사를 해야 했는데120분 영화면 120분이 걸리는 식 DVD는 공장에서 찍으면 1개를 만드는 데 1초도 걸리지 않는 데다 원가도 훨씬 저렴하고 무엇보다 화질이 비디오테이프보다 훨씬 나아서 급속도로 퍼져 나가게 되었다. 부피도 매우 작아졌다. 이때부터 큰 규모의 비디오 대여 매장 프랜차이즈인 '블록버스터'는 쇠락의 길을 걷게 되었다.

넷플릭스의 출현

90년대 블록버스터가 대여업계를 평정하고 슬슬 사양길에 접어들 무렵, 넷플릭스가 등장한다. 넷플릭스의 시작은 온라인 DVD 대여 업체였다. 온라인으로 보고 싶은 영화를 주문하면 우편으로 배송하고 다 본 뒤에는 우편으로 반송하면 또 다른 영화를 볼 수 있는 서비스를 제공했는데, 무엇보다 늦게 반납해도 그에 대한 벌금이 없었다. DVD 3개를 빌려서 한 달 내내 봐도 상관이 없었던 것이다. 대신 월 정액제이므로 빨리 보고 빨리 반환하는 것이 소비자에게 이득인 구조였다. 필자 역시 열심히 보고 반환해서 한 달에 30개씩 빌려보았던 기억이 있다.

이러한 대여 방식은 비디오테이프를 빌리러 1시간씩 운전해 나가야 하는 미국 시골에서도 편리하게 우편으로 DVD를 대여해 볼 수 있는 시대를 오게 했다. 여기에는 2가지 요인이 작용했는데, 우선 DVD

초창기 넷플릭스의 DVD 우편 배송 및 반납 봉투
© BlueMint, Wikimedia Commons

의 경우 무게가 가벼워 일반 우편으로 보낼 수 있다는 점, 복사가 빠르고 원가가 저렴해 대량 공급이 가능하다는 점이 넷플릭스 사업의 바탕이 되었다.

블록버스터의 장점은 대형 매장답게 새로운 영화가 나오면 비디오테이프를 몇백 개씩 비치해놓곤 하는 것이었다. 그럼에도 불구하고 신작은 출시 당일에도 빌리기 힘든 경우가 많았다. 그러나 DVD를 이용한 넷플릭스는 생산성이 훨씬 높아서 무슨 영화든 신작이 나오면 바로 바로바로 빌려볼 수 있다는 장점이 있었다.

넷플릭스의 변신

이처럼 획기적인 방식으로 DVD 대여업을 하던 넷플릭스는 일대 변신을 시도한다. 고속 인터넷의 보급과 함께 지금의 모습인 스트리밍 서비스를 시작한 것이다.

그리고 오늘날에는 대형 미디어 제작자 중의 하나로 또 한 번의 변신을 시도하고 있다. 요즘 넷플릭스 신규 가입은 '넷플릭스 오리지널'이라 불리는 신작들의 영향이 크다. 영화관이 아닌 넷플릭스에서만 볼 수 있는 넷플릭스 제작의 영화(광고 문구 또한 "절찬리 스트리밍 중"이다)는 물론이고, 자체 제작한 다양한 드라마들이 인기를 끌며 신규 이용자들을 끌어들이고 있다.

한 마디로 넷플릭스는 시대의 변화에 맞춰 새로운 테크놀로지를 가장 적절하게 잘 이용해온 회사라 하겠다.

TV와 온디맨드 비디오

비디오테이프든 스트리밍이든, 본인이 원하는 시간에 볼 수 있다는 것이 장점이다. 미국처럼 땅이 넓어서 시차까지 있는 나라에서는 더욱이 큰 이점이라 할 것이다.

또 한 가지, 넷플릭스의 유저가 증가한 데는 미국의 개인주의적 성향도 한몫했다. 대부분의 미국 가정에서는 자녀들과 부모가 넷플릭스 계정을 공유하지 않는다. 자녀들이 본 목록이 부모에게 보이는 걸 원치 않으니 자녀들은 친구들끼리 넷플릭스 계정을 공유해서 쓰곤 한다. 특히 사춘기 자녀들은 더더욱 그렇다. (이러한 현상은 아마존 프라임 멤버십에도 나타나는데, 이것이 아마존 프라임 멤버 숫자가 코스트코 멤버 숫자를 훨씬 능가하는 이유이다.)

넷플릭스의 미래

넷플릭스의 미래를 밝게 전망한다면 이유는 3가지다.

첫째, 아직도 미국 시골에는 고속 인터넷이 안 되는 곳이 많다. 따라서 향후 확장될 시장이 아직 많이 남아 있다. 둘째, 독보적인 콘텐츠를 구축하고 있다. 실제로 넷플릭스는 최근 몇 년간 계속 히트작을 내놓았으며, 제작 투자도 활발하다. 셋째, 해외 진출, 즉 다른 나라로의 확장이 용이하고 빠르다.

그럼에도 불구하고, 한편으로 필자는 언제든지 넷플릭스에서 발을 뺄 준비를 하고 있기도 하다. 기존 인터넷망을 이용하는 서비스이므로, 누구든지 비슷한 서비스를 금방 제공할 수 있다는 것이 첫 번째이며, (케이블 티비 회사는 깔아 놓은 유선 망이라도 있어서 망하게 생겼어도 다른 회사가 그 인프라를 합병하려 하겠지만 넷플릭스는 콘텐츠 말고는 인수할 내용이 없다고 보인다.) 콘텐츠의 우월성 또한 따라잡을 회사가 많다는 것이 두 번째이다. 실제로 넷플릭스와의 본격적인 경쟁에 돌입한 디즈니Walt Disney Company, DIS를 비롯, 각종 영화사와 방송국 등등 넷플릭스의 콘텐츠를 능가할 회사들이 많이 있다.

넷플릭스, 이젠 스트리밍 회사가 아닌 콘텐츠 회사다

개인적인 판단으론 이젠 페니 스탁 취급받는 미국 4위 이동 통신사 스프린트Sprint, S마저도 깔아놓은 인프라가 있기 때문에 하루아침에 망하지는 않을 것이라 생각한다.

하지만 넷플릭스는 서버만 구축하고 콘텐츠만 좋으면 다른 회사들도 언제든지 끼여들 수 있는 비즈니스 모델이다. 스트리밍이 독보적인 기술도 아니기에 지금까지 맛보기에 그치던 대형 콘텐츠 회사들이 뛰어들면 미래를 장담할 수 없다. 유저로 따지면 유튜브가, 자본력으로 밀어붙인다면 아마존이 하는 프라임 비디오가, 콘텐츠로는 마블 시리즈를 갖춘 디즈나 '왕좌의 게임' 등으로 드라마 강자 자리를 굳건히 한 HBO가 막강하다. 이런 회사들이 스트리밍 시장에 작정하고 뛰어들면 과연 넷플릭스가 이길 수 있을까? 아마 많은 넷플릭스 주주들이 비슷한 걱정을 가지고 있을 것이다.

몇 년 전 같았으면 넷플릭스의 완벽한 패배를 예상했을지도 모른다. 그런데 지금은 넷플릭스 자체 콘텐츠가 너무나 많다. 앞서도 언급했듯 넷플릭스 오리지널 시리즈를 보기 위해 가입하는 사람들이 어마어마하게 늘었다. 새로운 시리즈를 시작한다고 하면 이를 보려 가입하는 숫자도 무시 못할 수준이다. 문제는 이탈 회원도 많다는 것인데 이를 방지하기 위해 계속 새로운 콘텐츠를 가장 활발하게 제작하는 곳이 넷플릭스이다.

즉, 오늘날 넷플릭스는 스트리밍을 하는 IT 회사로 접근해서는 안 된다. 디즈니나 마블, HBO, FOX 등과 어깨를 견주며 콘텐츠를 만드는 영화 혹은 드라마 제작 회사로 보아야 한다.

콘텐츠 기업으로서 넷플릭스가 가지는 강점들

스트리밍으로 콘텐츠를 제공하는 넷플릭스는 몇 가지 이점을 가지고 있다.

우선 다국적 자막 넣기가 쉬워 어느 나라에서든 비즈니스를 시작하기가 편리하다. 또한 자체 콘텐츠 위주라 다른 나라에 진출할 때 저작권 문제가 적다. 무엇보다도 콘텐츠 스트리밍을 제공하는 서브스크립션 업체이다 보니 고객의 취향을 빅데이터로 가지고 있다. 그렇다. 넷플릭스는 우리가 자주 보는 영화와 드라마, 선호하는 주인공, 보기 싫어서 뛰어넘는 구간, 집중도 있게 주목하는 배우, 심지어 평균적으로 사용하는 음량 볼륨 등을 모두 다 데이터로 가지고 있다. 즉, 인기 있을 만한 것들만 짜깁기 해 만들 수 있는 빅데이터를 보유한 것이다. 넷플릭스는 우리가 리모컨을 움직일 때마다, 우리가 선호하는 프로그램은 물론이고 화면의 분위기나 음악 장면의 선호도까지 정리해서 콘텐츠 제작에 반영하고 있다.

넷플릭스는 이미 공룡이 되었다. 다른 회사들이 이 같은 서비스를 못하는 것이 아니라, 넷플릭스가 범접하기 어려운 수준의 자체 콘텐츠들과 제작 노하우, 데이터를 가진 압도적 회사가 된 것이 요점이다. 넷플릭스는 진화하고 있기에 넷플릭스를 바라보는 투자의 관점 또한 '스트리밍기술'에서 '콘텐츠엔터테인먼트'로 바뀌야 향후 정확한 판단이 가능할 것이다.

written by Kenneth J. Ro

스퀘어와 쇼피파이,
이게 왜 급등주냐고?

필자는 미국에서 아마존과 온라인 비즈니스 관련 강의, 기업 대상의 온라인 비즈니스 마케팅과 컨설팅을 하고 있다. 다른 생산업과 카페 등 몇 가지 개인적인 비즈니스도 운영한다. 그래서 한동안 FANG페이스북, 아마존, 넷플릭스, 구글 못지않게 미국주식시장의 이슈였던 스퀘어 Square, SQ와 쇼피파이Shopify, SHOP에 대해 비교적 이해하기 쉽게 설명할 수 있을 듯하다. 스퀘어와 쇼피파이 역시 한국에 있는 투자자들로서는 성장 저력을 실감하기 어려운 회사들이다.

당신이 구멍가게를 하고 있다고 가정해보자. 어느 날 당신의 가게 옆에 화려한 백화점 쇼핑몰이 생겼다. 매장을 찾는 손님이 급격히 줄어들며, 당신은 울며 겨자 먹기로 살아 남기 위해 백화점에 입점하게 된다. ―이것이 바로 지금 미국의 상황이다.

자, 그렇다면 백화점의 입장을 보자. 백화점이 유명해지니 서로 입점하려고 난리다. 입점자를 고를 수 있는 상황이 되자 자연히 백화점은 자사의 이미지를 위해 유명 브랜드만 입점시키고 싶어 진다. ―근래 아마존 상황이 이렇다. 일반 소매 판매자보다는, 브랜드 생산자가 직접 입점하는 것이 더 유리하도록 정책을 펼치고 있다뒤에서 보다 자세히 설명하겠다. 이런 상황에서 개인 사업자들은 생존을 위해 나름대로 여러 솔루션을 활용 중인데, 대표적인 것이 바로 스퀘어와 쇼피파이다.

스퀘어 = 포스(POS) 시스템 + 온라인 쇼핑몰
쇼피파이 = 온라인 쇼핑몰 + 포스(POS) 시스템

두 회사가 제공하는 서비스는 비슷해 보인다. 그러나 태생은 정반대였다.

스퀘어

기존 오프라인 매장의 포스 시스템을 아이패드나 스마트폰을 이용해서 시작한 것이 스퀘어다. 처음에 스퀘어는 매장에 설치하는 스퀘어의 아이패드 스탠드가 예뻐서 주목받기 시작했다. 시작 당시 스퀘어와 비슷한 솔루션을 제공하는 곳은 몇십 개나 있었다. 이 같은 서비스의 가장 큰 장점은 신용카드 결제 시스템을 쉽게 적용할 수 있다는 것이었다. (미국의 경우 가게에서 신용카드를 받으려면 사업자의 신용조회가 필요하다.) 아울러 수수료도 싸고, 클라우드 베이스라서 프리랜서가 사용하거나 야외에서 쓰기 쉽다는 장점이 있었다.

무엇보다도 스퀘어가 일반 포스와 가장 다른 점은, 타 매장에서 손님이 카드를 쓰고 페이퍼리스_{환경 보호를 위해 종이 영수증을 받지 않는 것}를 위해서 전화번호나 이메일을 입력하면 이 같은 정보가 모든 스퀘어 가입 매장에 공유된다는 점이다.

즉, A가게에 들린 손님이 물건을 신용카드로 산 후 영수증을 이메일로 받으면, 클라우드에 저장된 고객의 이메일 주소가 나중에 B라는 가게에서 같은 신용카드를 썼을 때 B가게에 공유되는 것이다. 이러한 경우 포스의 단말기가 많을수록 많은 데이터가 저장되므로, 선두가 계속 선두를 유지할 수 있는 강력한 무기가 된다. 사업주는 스퀘어 단말기로 수수료를 지불하고선 지금까지 왔던 손님들에게 마케팅용 단체 이메일이나 단체 문자를 보낼 수도 있다. 스퀘어가 아니라면 매번 손님에게 전화번호나 이메일을 물어서 정보를 수집해야 했을 것이다.

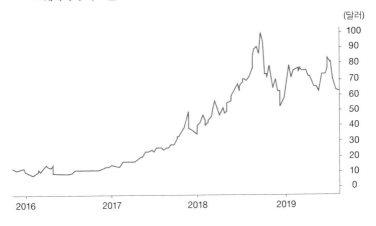

여기서 한 단계 더 나아가 보자. 이메일 계정을 무수하게 보유한 까닭에 구글이 스팸을 쉽게 걸러내듯, 스퀘어 또한 사용자가 많아질수록 카드 사기 방지나 고객 정보 마케팅 등에 있어 독보적인 포스 시스템이 될 수밖에 없다.

스퀘어는 이제 아이패드가 아닌 자체 단말기를 만들어서 제공할 정도로 성장했다. 그리고 추세에 발맞추어 온라인 쇼핑몰 솔루션까지 스퀘어에서 관리를 할 수 있게 만들었다.

쇼피파이

쇼피파이는 일반인들도 손쉬운 클릭으로 온라인 쇼핑몰을 만들 수 있게 하는 쇼핑몰 솔루션이다. 이런 회사도 수없이 많았다. 예전에는 웹디자이너를 구해서 열심히 직접 만들던 회사들도 쇼피파이에 밀릴 수밖에 없게 된 것이 검색엔진 최적화SEO에 특화된 쇼핑몰이기 때문이다. 동네 슈퍼가 반강제적으로 없어지고, 프랜차이즈 편의점으로 바뀌는 이유는 마진이 적더라도 더 효율적이고 매출이 높기 때문이다. 쇼피파이를 사용하면 그냥 사이트를 만들었을 때보다 물건이 더 잘 팔린다. 검색이 그만큼 잘되기 때문이다.

또 매달 요금을 내고 사용하는 솔루션이라 계속 진화하고 발전하기 때문에 일반 사이트보다 승산이 높을 수밖에 없다. 더 팔리니 월 79달러의 사용료를 내는 것이 아까울 리가! 게다가 카드 수수료에 플러그인 프로그램 판매에 각종 서비스 비용까지, 아마존에 입점했든 안 했든 온라인 비즈니스를 하는 많은 이들에게 쇼피파이는 필수일 정도로 이제는 독보적인 솔루션이 되었다.

쇼피파이는 스퀘어와는 반대로 쇼피파이에서 컨트롤되는 포스 시스템 서비스를 제공한다.

●●● 쇼피파이의 주가 흐름

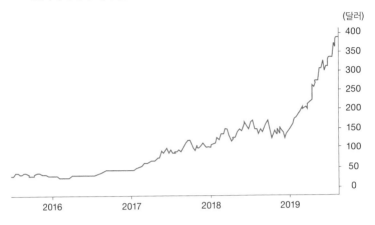

이처럼 두 회사의 시작은 달랐지만 지금은 서로 비슷한 서비스를 하고 있다. 물론 각기 처음 시작한 서비스에 더 강점을 지니고 있다.

왜 미국 사장님들은 쇼피파이와 스퀘어를 사용할까

앞서 스퀘어, 쇼피파이를 소개하며 초기에 이들과 같은 서비스를 제공하는 업체가 수없이 많았음을 언급했다. 그럼에도 이들 두 업체가 독보적인 존재로서 살아남은 것은 왜일까?

저렴한 가격에 제공되는 재고 관리 솔루션

아마존 같은 공룡 온라인 비즈니스가 지난 5년간 동네 상권을 죽이자 사업주들은 이에 대한 궁여지책으로 아마존 등에 입점을 많이 했다. 필자도 그 와중에 많은 강의와 컨설팅으로 먹고살았다.

자, 그런데 매장을 가지고 있는 사장님들에게 고민이 생긴다. 아직까지는 고객들이 찾아오는 매장의 문을 닫을 수는 없고 온라인 비즈니스를 하긴 해야겠는데 좀 해보니까 재고 관리가 제일 문제라는 것이다. 예를 들어, 총 10개 신발이 있었는데 손님이 가게에서 5개 사가는 동안 아마존이나 이베이에서 8개가 팔려 버리면 난감한 상황이 된다. 게다가 아마존, 이베이, 엣지, 라쿠텐, 젯닷컴 등등 여러 쇼핑몰에 입점해 있으면 더더욱 관리가 어렵다.

포스와 온라인 쇼핑몰 합병 시스템을 쓰면 재고 관리가 한 곳에서 된다는 강점이 있다. 이를 위해 예전에는 사업체 매출 규모에 따라 매월 몇만 불까지 내는 커머셜용 소프트웨어 서비스를 이용해야 했다.

그런데 스퀘어와 쇼피파이는 그러한 솔루션을 월 100달러도 안 되는 금액에 서비스한다. 이 같은 미묘한 서비스의 차이로 두 회사는 타사들을 추월하고 독보적인 존재가 된 것이다.

여러 쇼핑몰의 상품 관리를 효율화

만약 파는 물건이 한두 가지라면 물건을 팔다가 제품 사진을 바꾸고 싶다거나, 가격을 일률적으로 바꾸고 싶다거나, 재고 관리를 한꺼번에 하려 해도 문제가 안 될 것이다. 그런데 판매 중인 상품이 수십, 수백 가지라면 어떨까? 각 쇼핑몰 사이트마다 들어가서 바꾸는 것도 엄청난 노동이다. 스퀘어와 쇼피파이는 이 같은 관리를 간편하게 처리해주는 솔루션을 합리적인 가격에 제공한다. 이런 까닭에 소규모 온라인·오프라인 업주들이 살아남기 위해 필수적으로 사용하는 솔루션이 된 것이다.

적어도 현재로서는 포스 시스템을 우선으로 보면 스퀘어가, 개인 쇼핑몰을 우선으로 보면 쇼피파이가 독보적이다. 필자 또한 스퀘어로 카페 매상을 체크하고, 쇼피파이로 온라인 주문을 확인하고, 아마존 앱으로 아마존 매출을 보고 고객 서비스를 하는 것이 일상이 되었다.

한편, 스퀘어는 융자업도 하고 있다. 매달 포스를 통해 들어오는 돈의 평균치에 비례해서 업주들에게 돈을 빌려준다. 아마존도 비슷한 서비스를 제공한다. 설사 신용 불량자라 해도, 매달 버는 돈에 기준하여 신용조회 없이 대출해주며, 매일 신용카드로 받은 돈에서 일정 금액을 갚게 한다. 여기서 나오는 이자 수익도 좋을 것으로 생각된다. 다른 융자업에 비해서 수금률도 높을 듯하다.

두 회사 다 주가가 너무 올라 걱정도 되지만 그전에 비슷한 서비스를 하던 회사들이 따라오기 힘든 위치에 섰다는 것만은 확실한 사실이다.

아마존은 대형 쇼핑몰, 쇼피파이는 편의점?!

마이크로소프트는 과거 100달러쯤 하는 윈도우를 판매하여 세계 1위의 부자 기업이 되었다. 위 두 회사는 월 50~100달러씩 받는 회사이다. 가게 임대료에 비하면 사업주 입장에선 전혀 아깝지 않은 돈이다. 그리고 두 회사는 고정적인 수익원을 갖고 있다. 아마존이 백화점이나 대형 복합 쇼핑몰 같은 존재라면, 위 두 회사는 프랜차이즈 편의점 같은 존재가 아닐까 생각한다.

필자는 온라인 쇼핑몰에 대해 강의할 때면 아마존은 대형 쇼핑몰이나 백화점에, 이베이는 시장에 비유한다. 모두 알다시피 아마존은 미국 내에서 최고의 온라인 쇼핑몰이다. 물건을 사겠다는 사람도 팔겠다는 사람도 너무나 많다.

자, 당신이 상가 건물주라고 생각해 보자. 상가에 장사하겠다는 사람들이 몰려들면 어떤 상황이 생길까? 우선 임대료를 올리고, 상가 이미지에 맞는 서비스를 제공하는 업체에 우선적으로 임대해줄 것이다. 그리고 이왕이면 이름 없는 회사보다 유명한 회사에게 임대하길 선호할 테다. 상가에 커피숍이 하나 들어온다 해도 이름 없는 카페보다는 스타벅스를 선호할 수밖에 없다. 그 편이 결론적으로 모든 상가 입점 업주들에 이득일 테니 말이다.

요즘 아마존이 그런 과도기가 아닌가 한다. 기존에는 아마존에 물건을 올릴 때 상표 등록이 선택 사항이었지만 이제는 독점 판매 권리를 보장받기 위해 필수 사항이 되었다. 전에는 제품 사진과 회사 웹사이트 정도만 제공하면 아마존에 상표를 등록할 수 있었으나, 이제는 정식으로 상표 등록 서류를 제출해야 한다. 이것은 궁극적으로 제품을 생산하는 회사만 입점시키겠다는 이야기나 마찬가지다. 예를 들어, 당신이 나이키 운동화를 10분의 1 가격에 들여와 아마존에서 싸게 팔고 싶어도 나이키의 판매 허가를 못 받으면 상품 자체를 등록할 수 없다. 나이키에서 판매 허가를 내주지 않을 것은 당연한 일이다.

그래서 많은 소규모 업체들이 부랴 부랴 상표 등록을 하고자 하나 800~3,000달러 정도의 비용 부담이 있으며, 시간도 최소 3개월에서 6개월가량 걸린다. 상표 없이 물건을 파는 것은 현실적으로 힘들다. 다른 셀러들과 가격 경쟁이 심한 데다 인지도도 떨어지는데 누가 사겠는가? 필자 역시 요즘 아마존 셀러 강의를 할 때면 본인 브랜드로 상표 등록부터 하고 브랜드 가치를 올리라고 가르친다. 그리고 이렇게 말하곤 한다.

"여러분이 월 백만 불 어치씩 아마존에서 물건을 팔면 아마존이 여러분을 대접해 줄까요? 절대 아닙니다. 백만 불이 아니라 천만 불 매상을 올려도 여러분이 아마존을 떠난다고 눈 하나 꿈쩍 안 합니다. 여러분이 물건을 안 팔더라도, 다른 사람이 아마존에서 물건을 팔 테니까요. 잘 나가는 상가에서 나간다고 하면 건물주가 눈 하나 꿈쩍할까요? 웃돈 받고 남에게 또 임대가 가능한데 말이에요."

이렇게 소상공인들은 아마존에서 밀려 나갈 수밖에 없는 상황이 되어 가고 있다. 그렇다면 자신의 온라인 쇼핑몰을 구축해 파는 수밖에! 바로 여기서 아마존과는 결이 다른 쇼피파이의 독보적 존재감이 부각된다.

개개인이 구축하는 쇼핑몰은 동네 구멍가게나 마찬가지다. 동네 구멍가게와 프랜차이즈 편의점이 있으면 고객들의 발걸음은 아무래도 편의점을 향한다. 인지도 때문이다. 구멍가게 사장님들은 또 어떤가? 제품 입고가도 높고 본사 로열티에 광고비 등등 지출이 많지만 그럼에도 편의점으로 가게를 바꾼다. 부대 지출이 높음에도 불구하고, 본사의 유통 및 영업 노하우를 통해 매출을 높일 수 있기 때문이다.

예를 들어 동네 슈퍼에 천 개의 상품이 있을 때, 같은 사이즈의 편의점에는 2천 개의 상품을 진열할 수 있다. 포스를 통하고 통계를 기반으로 각 물건이 다음 배송될 때까지 필요한 만큼만 진열하기 때문이다. 또한 지역이나 날씨, 계절 등에 따라서 진열을 최적화해주기도 한다. 쇼피파이가 바로 이런 회사이다. 웹사이트를 만들어서 직접 운영하는 것에 비하면 무엇이든 최적화되어 있다. 특히 검색엔진 최적화 부분에서 그렇다. 필자는 개인 소상공인에 대한 아마존의 횡포가 심해질수록 쇼피파이의 입지가 나날이 공고해지지 않을까 전망한다.

LA 레이커스와 주식의 상관관계

written by Bull Over Bear

필자는 매직 존슨, 마이클 조던 시대부터 이어져온 꾸준한 NBA 팬이다. 하루는 그런 필자의 관심을 끌 만한 뉴스가 눈에 띄었다. 갈매기 눈썹으로 유명한 뉴올리언스 펠리컨스의 앤서니 데이비스Anthony Davis, 약칭 AD가 공식적으로 구단에 트레이드를 요청했다는 소식이었다. 그는 세간의 추측대로 명문 LA 레이커스로 이적했다. 샤킬 오닐, 코비 브라이언트 등을 앞세워 숱한 우승 경력의 레이커스가 최근의 부진을 르브론과 함께 AD 영입으로 씻어낼 수 있을지가 관심사이다.

그런데 재미있는 이야기가 하나 있다. LA 레이커스와 주식시장의 상관관계로, LA 레이커스가 결승에 진출했을 때마다 미국주식시장이 크게 하락하거나 조정이 있었다는 것이다. 특히 코비 브라이언트가 가세한 이후에는 2000년 닷컴 버블, 2008년 서브 프라임 사태 등 하락장 때마다 LA 레이커스의 우승 행진이 일어났다. 그래서 LA 레이커스가 결승에 진출하면 주식을 매수할 기회가 왔다는 장난 같은 기사도 나오곤 했다. 농담 같은 LA 레이커스의 결승 진출 여부와 주식시장의 상관관계 Correlation는 과연 유효한 것일까?

단순한 통계로 보면 이는 엄청난 상관관계이다. 이와 비슷한 것으로 맥도날드의 맥립과 주식시장의 상관관계 또한 언급된다. 맥립은 2010년 이후 맥도날드가 한정판매하는 돼지갈비 버거이다. 그런데 시장에 맥립이 있을 때와 아닐 때, S&P 500 수익률이 큰 차이를 보인다는 것이다. 맥립이 대체 뭐길래 상관관계가 높은 것일까? 맥립이 소비자의 소비욕구를 높여서 전체 시장을 움직인 것일까? 아니면 시장이 좋고 경기가 좋으니 맥도날드가 여유로운 나머지 맥립을 내놓는 것일까? 혹은 이것도 또 하나의 맥도날드 경제 지표인가? 무엇이 원인이고 무엇이 결과인가?

결론적으로는 '우연의 일치'다. 상관관계가 말도 안 되기 때문이다.

그런데 주식시장을 예측하거나 해석할 때 종종 상관관계 값을 쓰는 경우가 있다. 약간이나마 신빙성이 있는 경우도 있으나 정말 이상한 지표들도 많다. 많이 들어보았을 슈퍼볼 지표, 립스틱 지표, 월스트리트 실업률 지표, 스포츠 일러스트레이티드 잡지 수영복 커버 모델 지표 등등.

심지어 종목 간 주가 역시 아무런 이유 없이 상관관계가 높은 경우가 있다. 예를 들어보자. 아마존과 쓰레기 처리회사인 웨이스트 커넥션스WCN의 상관관계 값을 단순 계산하면 무려 0.96이다. 패스트푸드 기업인 얌! 브랜즈YUM와 텍사스의 천연가스 회사인 웨스턴 에너지 파트너스WES의 상관관계 값을 구해보면 0.97이다. 마이크로소프트와 애틀란타주를 기반으로 한 자동차 딜러 회사인 애즈버리 오토모티브 그룹ABG는 또 어떤가? 이들의 상관 값도 0.95로 계산된다.

상관관계는 인과관계가 아니다

상관관계는 때로 도움이 된다. 그러나 조심해야 한다. 상관관계가 곧 인과관계인 것은 아니기 때문이다. 개인적인 업무를 볼 때 다량의 데이터를 다루는 경우가 많다 보니 자동화된 통계 툴로 결과 값과 여러 변수의 상관관계를 보곤 한다. 그런데 아무 상관없는 변수끼리 상관관계가 0.95 이상(심지어 1.0, 즉 100%가 나오는 경우도 있다) 나오는 경우가 허다하다. 쓰레기 같은 정보가 엄청나게 많다. 그래서 공학적인 배경지식을 이용한 추가 해석을 통해 상관관계가 높은 것 중 진짜 연결성이 있는 것이 무엇인지 솎아내는 작업을 한다. 만약 분야에 대한 배경 지식이 없다면 단순 데이터를 보고 잘못된 결정을 내릴 수도 있다.

주식도 마찬가지다. 주식시장을 해석하려 할 때 상관관계를 전부 믿어서는 안 되는 이유이다. 기사나 리포트를 읽을 때 상관관계 그래프가 있다면 단편적인 그림만 믿지 말고 여러 자료를 통해 검증의 검증을 해볼 필요가 있다. 물론 인과관계를 찾을 때 상관관계가 증거자료가 될 수 있으나, 다방면에서 복합적으로 생각해야 하기에 끊임없이 공부해야 한다. 기승전 공부라니, 머리가 아플 수 있으나 다른 것도 아니고 피땀 흘려 마련한 나의 자금을 투자할 때는 매수·매도 버튼을 누르기 전에 신중에 신중을 기해야 하지 않을까.

특히 무엇인가 예측하기 위한 데이터라면 더욱 조심해서 해석해야 한다. 일례로 미 대선 당시 힐러리가 당선되면 주식시장이 좋아질 것이란 뉴스가 많았으며 트럼프는 악재가 될 것이란 전망이 있었다. 브렉시트가 세계 대공황의 시작을 알리는 신호탄이 되리란 뉴스도 있었다. 그러나 결과는 현재 우리가 아는 바와 같다. 예측과는 전혀 달랐던 것이다.

요즘 들어 '주식시장은 예측이 어려우며, 다만 대응할 뿐'이란 말에 공감한다. 낙관적인 마음을 유지하되 냉정한 머리를 겸비하자는 생각을 자주 하게 된다.

PART 03

지금, 미국주식
고수들이
주목하는 기업들

#트렌드 #스몰캡 #성장주 #IPO #배당

변화에서 가장 힘든 것은

존 케인즈 John Keynes

새로운 것을 생각해내는 일이 아니라

기존의 틀에서 벗어나는 일이다

written by Bull Over Bear

괜찮아, 이 고기는 살 안 쪄

비욘드미트Beyound Meat (Nasdaq : BYND)

육식동물을 표방하는 필자는 패티가 두툼한 햄버거 사진만 봐도 침이 고이고 배가 고파진다. 그런데 윤기 좔좔 흐르는 패티가 다름 아닌 야채로 만든 것이라면? 어린 시절 할머니가 건네 주신 우유가 실은 막걸리였던 이후 최고의 반전이다!

사실 베지veggie 버거야 색다른 것이 아니다. 시중에 이미 많이 나와 있지만 고기를 좋아하는 내게는 성에 차지 않는 맛이라 먹기가 꺼려졌었다. 육즙이 좔르르 흐르는 패티를 콩과 두부 따위로 만든 베지 버거가 어찌 이길 수 있으랴! 그런데 어느 날 속는 셈 치고 먹어본 베지 버거의 패티는 나름 맛있었다. 충격적이었다.

출처 : 비욘드미트 홈페이지

이전과는 확연히 달랐던 이 베지 패티는 어디 제품일까? 바로 비욘드미트BYND다. 비욘드미트는 육류를 쓰지 않은 햄버거 패티와 소시지, 심지어 미국인들의 국민 음식이라 할 타코에 넣어먹는 간 (가짜) 고기도 판매한다.

이렇게 한번 먹고 나자, 주말에 들른 마트에서 비욘드마트의 제품들이 눈에 띄기 시작했다. 세상 일이 다 그렇다. 차를 사고 나서야 차량과 관련된 서비스와 제품들이 보이기 시작하고, 집을 사고 나서야 부동산 관련 시장에 눈이 뜨이며, 아이들이 태어나고 나서야 세상에 육아용품 시장이 이렇게 컸었나 싶고, 그 아이들이 학교에 가고 나서야 학군이 어쩌고 하는 말이 이해가 가는 것이다. 역시 겪어봐야 그와 관련된 세상이 보이는 법! 사람은 아는 만큼, 경험한 만큼 시야가 생긴다.

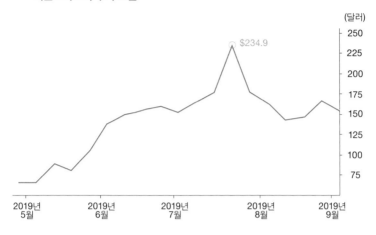

이제야 비욘드미트가 눈에 들어온 것도 육식만 좋아하는 나의 개인적인 성향 때문이리라.

실제로 필자는 '육식 편향' 때문에 비욘드미트에 초기 투자할 기회를 놓쳤다. 상장가는 25달러였는데 상장 당일 종가가 이미 66달러에 달했고 이후 주가는 천정부지로 뛰어 현재는 162.9달러2019년 8월 14일 현재이다. 'IPO 하더라도 기업에 대한 확신이 없다면 1년은 두고 본다'는 평소 철학을 애써 들이밀어보지만, 그래도 내심 나의 '편향'에 대해 반성 중이다. 역시 투자에 대한 열린 사고는 중요하다.

비욘드미트의 이유 있는 상승

그렇다면 비욘드미트가 두드러진 상승을 보이는 이유는 무엇일까? 세상에 이토록 채식주의자가 많았단 말인가? 이를 이해하기 위해서는 친환경, 동물 보호, 건강 등 가치 소비 트렌드를 이해해야 한다. 비욘드미트는 축산업을 대체할 수 있는 친환경적인 제품인 데다가 발암률도 낮춰주는 건강식이니 요즘 트렌드에 부합한다. 실제로 비욘드미트 제품을 구매한 이들의 93%는 채식주의자가 아니라는 조사도 있었다.

물론 비욘드미트에 대한 평가는 아직까지 엇갈린다. 장기적으로는 육류 대체 시장의 성장성을 점치는 목소리가 많으나, 그렇더라도 너무 고평가되어 있다는 것이다. 게다가 야채로 만든 고기Plant-based meat 시장의 전망을 보고 기존 대형 식품회사들 또한 너도나도 뛰어들고 있다. 일례로 네슬레가 미국 야채고기 시장에 뛰어든다고 밝힌 날2019년 6월 4일 비욘드미트의 주가는 널뛰었다. 미국 햄버거 업체 중 10위권 안에 드는 칼스 주니어Carl's Jr도 비욘드미트를 이용한 버거로 좋은 성과를 거뒀다.

참고로, 맥도날드는 네슬레와의 협업을 통해 이미 독일에서 야채고기버거를 판매하고 있다. 만약 맥도날드에 비욘드미트 고기가 들어간다는 소식이 들려온다면 주가가 크게 뛸 것이란 의견도 있다.

●●● **비욘드미트의 실적 추이**

수익(백만 달러)

순수익 / 순손실(백만 달러)

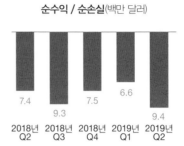

	2018년	2019년 6월	지난 5분기 트렌드
순이익 성장	+1.64%	-27.65%	
매출액	87.93 M	67.25 M	
매출액 성장	+169.89%	+287.23%	
EBITDA●	-21.55 M	+5.11 M	

출처 : quotes.wsj.com

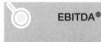

EBITDA●

법인세·이자·감가상각비 차감 전 영업이익이란 뜻으로, 기업의 현금 창출 능력을 나타내는 수익성 지표

상장 이후의 실적 발표 및 주가 추이

비욘드미트는 상장 이후 2번의 실적 발표를 했다(2019년 9월 1일 기준). 2019년 6월 6일 1분기(Q1) 실적 발표에서는 순손실이 660만 달러로 작년 동기 570만 달러에서 증가했고,

EPS는 -0.95달러로 작년 동기 -0.98달러 대비 약간 증가했음을 알렸다. 매출은 4천20만 달러로 작년 동기 대비 +215% 증가했음을 발표했고, 또한 2019년은 2018년에 비해 순 매출 증가율이 140% 증가한 2억 1천만 달러가 될 것으로 예상했다.

높은 매출 증가율과 더불어 긍정적인 가이던스 덕분에 실적 발표 이후 주가는 16% 상승했다. 그 이후 2분기 실적 발표 전까지 비욘드미트의 주가는 무려 260% 상승했고 이에 많은 투자자들이 환호했지만 그 이면에 버블을 우려하는 목소리가 생겨났다.

2019년 7월 29일 비욘드미트는 2분기Q2 실적 발표를 했는데, 전체적인 그림은 1분기와 크게 다르지 않았다. 2분기 순손실은 940만 달러로 작년 동기 740만 달러보다 증가했고 EPS는 -0.24달러로 작년 동기 -1.22달러 대비 높은 수치를 발표했다. 매출은 6천73만 달러로 작년 동기 대비 무려 287% 증가했다고 밝혔다. 또한 2019년 가이던스로 순 매출이 1분기에 발표한 2억 1천만 달러보다 높은 2억 4천만 달러가 될 것으로 조정 발표하여 2018년 대비 170% 매출 증가율을 예상했다.

그러나 1분기 때와 다르게 주가는 장외 13% 이상 폭락했다. 이는 비욘드미트가 세컨더리 오퍼링을 통해 추가로 300만 주를 매도하고 25만 주는 신주 발행할 계획을 발표했기 때문이다. 그 이후 2019년 9

월 1일 기준 비욘드미트의 주가는 고점에서 -31% 하락했다.

임파서블을 파서블로 만드는 기업들

비욘드미트와 비슷한 기업이 또 있다. CES 2019에서 전자기기들을 제치고 최고의 히트 상품이 된 임파서블 푸드Impossible Food, 비상장의 임파서블 버거Impossible Burger가 그것이다. 이 또한 야채 고기 패티로 만든 햄버거로, 고기 패티로 만든 햄버거에 맛이 뒤지지 않아 화제가 되었다.

임파서블 버거의 경우 미국 일반음식점에서도 쉽게 접할 수 있다. 필자가 사는 동네의 수제 맥주집에서도 판매하는 것은 물론, 버거킹에서도 임파서블 와퍼Impossible Whopper를 판매한다. 버거킹은 미국 전역에서 임파서블 와퍼를 출시하여 판매 중이다.

덕분에 요즘 미국의 중년 남자들 사이에서는 이런 대화가 흔하다.

"임파서블 버거 알아? 그거 때문에 죽겠어."

"왜?"

"햄버거 먹으러 가면 와이프가 맨날 '당신은 고혈압이니까 임파서블 버거 먹어'라고 해서."

"그래도 맛이 괜찮던데?"

"맛은 있지만 그래도 고기가 당기는데…"

"샐러드 먹을래, 임파서블 버거 먹을래?"

"헉!"

미국은 비만의 나라다. 베지 버거를 베지테리안 시장에 국한해 보아서는 안 되는 이유이다.

참, 여기에 더해 요즘 미국에서 베지 버거와 함께 쉽게 눈에 띄는 것이 있다. 바로 아래와 같은 문구이다.

"불안하다고요? 우울하다고요? 잠이 안 온다고요? 당뇨가 있다고요? 몸이 아프다고요? 3.50달러를 추가하여 맥주, 커피, 주스에 CBD를 추가하세요!"

대체 CBD가 뭐냐고? CBD, 즉 카나비디올은 대마초에서 추출한 기름으로, 엄밀히는 대마의 환각 성분인 THC테크라하이드로칸나비놀 성분이 거의 없는0.3% 미만 헴프 추출 CBD이다. 미 연방의 마약류 규제에서 벗어나며 상업적 사용이 가능한 합법적 물질이 되었다주 정책에 따라 다름. 불안과 스트레스, 우울, 통증을 감소시키는 데다 미용 효과가까지 있는 것으로 나타나 미국에서는 식품 및 미용 업계에서 매우 큰 주목을 받는 트렌드이다.

국내법상 이런 트렌드가 한국에 상륙하기는 불가능에 가깝지만, 미국 시장 투자자라면 지금 미국에서 벌어지고 있는 이 같은 트렌드들에도 관심을 가질 필요가 있을 것이다.

　CBD와 관련해서는 대마초 재배 및 유통 기업인 헥소Hexo, HEXO 와 샬롯스 웹Charlotte's Web, CWBHF, 재배 토지·건물 임대 리츠 기업 이노버티브 인더스트리얼 프라퍼티Innovative Industrial Properties, IIPR, 스캇스 미러클 그로Scotts Miracle-gro, SMG, CBD 오일 첨가 음료 및 주류와 관련된 기업인 콘스텔레이션 브랜드Constellation Brands, STZ, 중·소 상인 온라인 유통업체 쇼피파이Shopify, SHOP 등 다양한 종목이 있다. 단, 현재로서 CBD 또는 대마초 관련 종목은 변동성이 크다는 데 주목해야 한다. 따라서 분산 투자가 중요하다. 관련 ETF에 관심이 있다면 ETFMG 얼터너티브 하베스트 ETFETFMG Alternative Harvest ETF, MJ, 어드바이저셰어스 퓨어 캐나비스 ETFAdvisorShares Pure Cannabis ETF, YOLO가 있다.

written by Bull Over Bear

식료품 가게에서
진찰받는 사람들

CVS헬스CVS Health Corporation (NYSE : CVS)

헬스케어 종목을 이야기할 때 자주 등장하는 CVS헬스cvs라는 기업이 있다. 한국에 사는 독자들에게는 낯선 브랜드이지만 미국에서는 어느 동네를 가든 쉽게 찾아볼 수 있는 약국이다.

24시간 열려 있어 한밤중에 아프더라도 언제든지 약을 구입할 수 있다. 도심 한복판에 있는 경우가 아니면, 차에서 바로 약을 받을 수 있는 드라이브 스루가 있는 경우도 많아 아픈 몸을 이끌고 굳이 주차하고 차에서 내리지 않아도 돼 편리하다. 약국 안에 들어가면 병원에서 받은 처방전으로 조제한 약을 주는 섹션이 있고, 처방전 없이 언제든 약 구입이 가능한 오버더카운터Over-the-Counter 약들도 비치되어 있다. 뿐만 아니라 과자, 시리얼, 통조림, 장난감, 샴푸, 치약, 건전지, 화장품 등 다양한 공산품을 비치해 가볍게 장을 볼 수 있으며 증명사진을 찍을 수 있는 포토 코너를 갖춘 곳도 있다. 한마디로 엄청 큰 편의점에 약국이 들어가 있는 형태를 상상하면 될 것이다.

미국에는 이처럼 동네약국과 식료품가게가 결합된 매장이 많다. 대표적인 것이 CVS, 월그린Wallgreens, WBA, 라이트 에이드월그린이 2017년 인수 등이 있다.

그런데 CVS와 월그린 모두 최근 몇 년간 주가 흐름이 좋지 않다. 2015년에 고점을 찍은 후 계속 하락세이다. 이유가 뭘까? 두 회사가 경쟁하며 대규모 인수합병으로 부채가 늘고 시장 점유율을 두고 엎치락뒤치락한 것도 있지만, 가장 주요한 원인은 전체적인 약국 시장의 흐름 변화이다.

필자만 예로 들더라도, 처방전에 따라 약을 받을 때나 한밤중 급히 약을 사야 할 일이 아니면 굳이 월그린과 CVS에 가지 않는다. 주말에 코스트코에 가서 장 보는 김에 상비약도 사면 되니 신선식품도 없고 매장 크기도 어중간한 CVS나 월그린에 굳이 갈 일이 없는 것이다. 여기에 더해, 아마존이 온라인 약국 스타트업 필팩PillPack을 인수하며 두 회사의 주가는 크게 하락했다.

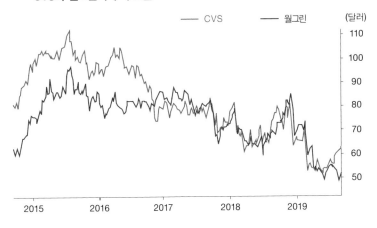

| | CVS | 월그린 | (달러) |

하락세의 오프라인 약국,
그럼에도 CVS에 주목하는 이유

그럼에도 필자가 CVS에 관심을 가지는 까닭은, 최근 들어 시범적으로 시작한 사업, 즉 2019년 2월 중순 텍사스 휴스턴을 기점으로 시작한 헬스허브HealthHUB 때문이다. 기존에도 CVS와 월그린 등은 근처 대형병원과 제휴를 맺고 매장 옆에 작은 오피스 타입의 조그만 진료소 '미니트 클리닉Minute Clinic'을 운영하곤 했었다. 대형병원에 약속을 잡고 오랜 시간 기다릴 필요 없이 선착순으로 기초 진료를 받을 수 있는 곳이었다. (미국 병원에서 진료를 받기 위한 대기 시간은 어마어마하다. 오죽하면 미니트 클리닉의 홍보 문구 중 하나가 "당신의 스케줄에 따라 당신이 필요할 때 받을 수 있는 진료The care you need on your schedule"이겠는가.)

CVS 헬스허브의 목적은 이 같은 소형 진료소를 발전시켜 비만, 불면, 당뇨 등을 관리해주는 말 그대로 종합건강관리의 중심헬스 허브이 되는 것이다. (텍사스 휴스턴이 첫 시범 운영 도시로 선정된 것도 그 지역의 비만율과 당뇨병 발병률이 높기 때문이다.)

아마존의 필팩 인수 등으로 매출 둔화 타격을 받아 부진을 겪고 있는 상황에서 본격적으로 '오프라인' 매장의 이점을 살려 진절머리 나게 느리고 비싼 미국 병원 시스템의 허점을 파고들겠다는 전략이다. 앞서 언급했듯, 약국 업계 또한 온라인 시장의 성장으로 타격을 입는 상황이긴 하나 모든 일을 온라인 배달로만 해결할 수는 없는 노릇, 특히 면대면 진료가 필수인 의료 분야에서 '오프라인만의 강점'인 매장을 살리려 하는 것이다.

전미에 1만여 개 매장을 가진 CVS는 이미 1,100여 개 진료소 및 4만여 명의 헬스케어 전문가를 보유하고 있다. 이러한 기존 인프라에 서비스를 더함으로써 헬스케어 서비스의 추가 매출과 더불어 매장 방문 고객 수를 증가시키고, 나아가 매출 상승을 노리는 셈이다.

2018년 11월 28일 CVS는 건강보험회사 애트나Aetna를 인수합병했다. 향후 건강보험까지 확대하여 통합적인 건강관리 플랫폼으로 사업

다각화 및 체질 개선을 이뤄내겠다는 움직임이다. 또한 애트나를 통해 아마존 필팩의 영향력이 미치지 않는 고객을 대상으로 사업을 영위할 수도 있다는 평이다.

CVS, 회생주가 될 수 있을까

이 같은 동향에 힘입어 실제로 CVS의 매출과 영업이익은 다시 반등하고 있다. 2019년 5월 1일에 있었던 실적 발표에서 CVS는 어닝 서프라이즈를 냈는데, PBMPharmacy Benefit Management의 약국 서비스Pharmacy Service 및 리테일 및 장기 헬스케어Retail/LTC, 2가지 핵심 사업 부문에서 높은 성장률을 보였다. 애트나 인수합병에 대한 지출이 과도한 것 아니냐는 우려 또한 실적 발표를 통해 불식시켰으며, 오히려 애트나가 헬스케어 플랫폼에 가져다 줄 시너지 효과데이터 분석 등가 주목받았다. CVS는 애트나의 인수합병으로 인하여 2020년까지 연간 약 7억 5천만 달러의 비용 절감이 일어날 것으로 예상했다. 이에 향후 성장세가 전망되며, 월스트리트에서도 CVS 매수 의견의 목소리가 높아지는 추세다.

실적 발표 이후 주가가 약 17% 상승했으나2019년 9월 기준, 아직까지는 저평가 구간이다. PER은 10배 정도로 시장의 18배보다 낮다. 그간

수익(백만 달러)

139,367 153,290 177,546 184,786 194,579

2014 2015 2016 2017 2018

순수익 / 순손실(백만 달러)

4,644 5,239 5,319 6,623 -596

2014 2015 2016 2017 2018

	2018년	2019년 6월	지난 5년간 트렌드
순이익 성장	-109.04%	-	
매출액	194.58 B	63.43 B	
매출액 성장	+5.31%	+35.80%	
EBITDA	+13.49 B	+4.51 B	

출처 : quotes.wsj.com

겪은 하락세로 인하여 투자자들의 심리가 짓눌려 있다는 평이다. 필자 역시 CVS에 대한 두려움이 없지 않다. 아마존, 애플 등 대형 기업들이 헬스케어 시장에 뛰어들고 있는 데다 혁신적인 신기술로 무장한 소형 신생 기업들 또한 만만치 않기 때문이다.

그러나 기존 오프라인의 이점을 살리고 적극적인 인수합병을 통해 데이터 기반 헬스케어 플랫폼으로의 변화를 꾀하고 있다는 점에서, CVS의 향후 소식에 귀를 활짝 열어둬야겠다는 생각이 든다. 어쩌면 CVS가 (피터 린치가 말하는) 회생주의 하나가 될 수도 있지 않을까? 배당 또한 꾸준히 증가하고 있어 관심을 가져볼 만하다2019년 현재 배당수익률은 3.19%이다.

written by Bull Over Bear

교육계의
파괴적 혁신

체그Chegg (NYSE : CHGG)

미국의 대학교 학비는 얼마나 비쌀까? 한국에서는 연세대학교의 연간 등록금이 912만 원으로 전국에서 가장 비싸다고 한다2018년 기준. 필자가 현재 거주하고 있는 주의 경우 그나마 저렴한 공립대의 연간 평균 등록금이 9,716달러약 1,150만 원이다. 연세대 등록금보다도 비싼 것이다. 현재 미국에서 가장 비싼 등록금을 받는 학교는 콜롬비아 대학교로 연간 학비가 무려 59,430달러약 7천만 원이다. 사립대의 연간 평균 등록금은 35,676달러약 4,200만 원이며 미국 명문대들인 아이비리그의 연간 평균 학비는 51,486달러약 6천만 원이다. 이처럼 살인적인 등록금으로 말미암아 2019년도 기준 전미 학자금 부채는 무려 1.5조 달러

Your textbook comes with all of these too!

Save up to 90%* off on textbooks | 21-day risk free returns | 4 week free trial of Chegg Study

출처 : 체그 홈페이지

에 달했다. 특히 2008년 금융 위기를 기점으로, 그 이후 대학을 다닌 사람들, 즉 연령이 낮을수록 대학 학자금 대출이 많다.

이에 따라 미국에서는 혁신적으로 가격을 낮출 수 있는 온라인 교육에 관한 관심이 계속 늘어나고 있다. 글로벌 온라인 교육 시장의 성장 가능성이 전체적으로 높게 점쳐지는 가운데서도 특히 북미 지역의 성장성이 높을 것으로 여겨지는 데는 막대한 등록금의 영향이 크다 할 것이다.

이런 트렌드에 따라 아마존과 구글, 마이크로소프트도 오래전부터 온라인 교육 분야에 투자해왔다. 그러나 월가에서는 교육 시장에 혁신을 가져다줄 기업으로 다른 기업들을 꼽는다. 그중 특히 주목받은

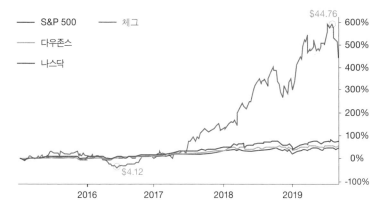

●●● 체그와 3대 지수 주가 흐름 비교

- S&P 500 ── 체그
- 다우존스
- 나스닥

$44.76

600%
500%
400%
300%
200%
100%
0%
-100%

$4.12

2016   2017   2018   2019

것은 체그CHGG로, 필자도 개인적으로 투자하고 있는 종목이다. 2013
년 상장된 체그의 주가 흐름을 다우존스, S&P 500, 나스닥 지수와
비교한 그래프를 보자. 2018년 이후 지수와 비교해 월등한 상향세를
보여왔다.

온라인 교육 플랫폼으로 확장을 꾀하는 중

그렇다면 체그는 어떤 회사인가? 학자금과 더불어, 가격이 올라간
교과서를 저렴하게 대여할 수 있는 교육 서비스계의 강자이다. 처음
에는 교과서 대여의 넷플릭스가 되겠다며 시작했지만, 덩치가 커짐에

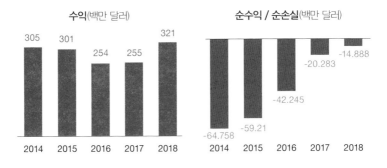

••• 체그의 실적 추이

수익(백만 달러)

2014	2015	2016	2017	2018
305	301	254	255	321

순수익 / 순손실(백만 달러)

2014	2015	2016	2017	2018
-64.758	-59.21	-42.245	-20.283	-14.888

	2018년	2019년 6월	지난 5년간 트렌드
순이익 성장	+26.60%	+48.09%	
매출액	321.08 M	93.86 M	
매출액 성장	+25.88%	+26.46%	
EBITDA	+18.67 M	+14.01 M	

출처 : quotes.wsj.com

따라 이제는 온라인 교육 서비스 플랫폼 기업을 지향하고 있다. 향후 성장성이 기대되는 종목으로, 성장주임에도 재무제표 상태가 좋다.

다만 현재는 꽤 고평가 구간에 있다는 점을 감안하자. 향후 꾸준히 관심을 가져보는 것도 나쁘지 않을 것이다.

written by Bull Over Bear

워런 버핏이 투자한
핀테크 기업

스톤코StoneCo (Nasdaq : STNE)

핀테크 기업 스톤코STNE는 2018년 10월 24일 나스닥에 갓 상장된 따끈따끈한 종목이다. 상장 당일 33% 급등하여 많은 관심을 받았다. 게다가 워런 버핏의 버크셔해서웨이가 1,420만 주를 매입했다는 소식과 더불어 알리바바의 앤트 파이낸셜 또한 스톤코에 투자해 주목받았다. (참고로, 텐센트도 브라질의 핀테크 스타트업 누뱅크Nubank에 투자했다.) 2018년 하반기 아주 안 좋은 시기에 상장된 관계로 현재 주가는 많이 내려온 상태다.

스톤코는 앙드레 스트리트André Street와 에두아르도 폰테스Eduardo

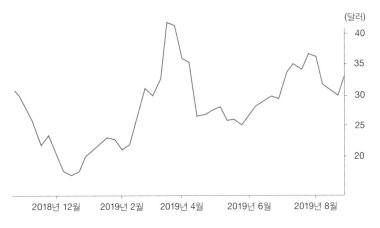

(달러)

2018년 12월   2019년 2월   2019년 4월   2019년 6월   2019년 8월

Pontes가 2012년 창업했으며 소규모 비즈니스를 주 고객으로 하고 있어 브라질의 페이팔Paypal 또는 스퀘어Square라고도 불린다. 주로 대출 이자, 결제 단말기 대여, 수수료, 구독 서비스에서 매출이 나온다.

스톤코를 주목하는 이유는 그 성장 속도 때문이다. 2017년에는 전년2016년 대비 +74%의 매출 성장률을 보였으며, 2018년 11월 26일 3분기Q3 실적 발표 때에는 YoYYear of Year 매출이 +121.5%를 기록했음을 알렸다. 활성 사용자 수 역시 2017년 10만 명 대비 +127% 상승한 23만 명이라고 발표했다.

브라질은 은행의 과도한 수수료와 높은 이자율로 인하여 은행계좌가 없는 사람들이 무려 6천만 명에 이른다. 소규모 상인들에게 부과되는 이자율도 높아서 저렴한 수수료 및 이자율을 요구하는 온라인 기

	2018년	2019년 6월	지난 4분기 트렌드
순이익 성장	-	-	
매출액	199.19 M	64.25 M	
매출액 성장	-17.05%	-	
EBITDA	-17.05%	+5.24 M	

출처 : quotes.wsj.com

반 핀테크 서비스들이 인기를 끌고 있다.

여기에 더해 자이르 보우소나루Jair Messias Bolsonaro 대통령의 취임 이후 브라질 경기가 좋아지는 추세라 월스트리트에서도 스톤코의 전망을 낙관하는 모양새이다.

유의할 점은 빚이 많다는 것으로 부채 비율이 2.83% 정도 된다. 급성장하는 기업이니 당연할 수도 있지만, 유의하여 볼 필요가 있겠다.

written by Bull Over Bear

서브스크립션 모델로 바꾸고 싶어?
우리가 도와줄게

주오라Zuora (NYSE : ZUO)

≪서브스크라이브드Subscribed≫라는 책이 있다. 2018년 6월에 출간된 책으로 부제는 '정기구독서브스크립션 모델이 당신 회사의 미래인 이유, 그리고 무엇을 해야 하는가'이다. 넷플릭스처럼 원하는 서비스에 정기적으로 사용료를 지불하는 서브스크립션 서비스, 즉 정기구독 서비스와 관련된 책이다.

아마존에서 베스트셀러가 된 이 책의 저자는 티엔 추오Ten Tzuo이다. CRM고객관계관리 업체인 세일즈포스Salesforce, CRM의 초창기 임원최고 마케팅책임자이자 최고전략책임자이었는데, 세일즈포스에서 클라우드 기반 서비스크립션 관련 업무를 하다가 구독 서비스 결제 시스템의 불편을 개선하는 솔루션 아이디어를 가지고 2007년 주오라ZUO를 창업했다.

넷플릭스와 스포티파이Spotify, 음원 스트리밍 서비스 업체 등으로 소비자들은 서브스크립션 서비스에 제법 익숙해졌다. 그러나 기업들은 아직 구독 모델을 적용하지 않는 경우가 대다수다. 구독 경제가 완벽히 활성화되지는 않았다는 뜻이다. 티엔 추오는 제품보다 서비스를, 소유권보다 사용권을 원하는 소비 행태의 변화와 더불어 서브스크립션 서비스의 수요가 증가하는 트렌드를 읽고 이것이 소프트웨어 업체뿐 아니라 일반 기업과 소규모 상인들에게도 널리 필요할 것이라 판단했다고 한다. 주오라는 2018년 4월 12일에 뉴욕증권거래소에 상장되었다.

티엔 추오가 자신의 책에서 주장하는 요지는 대략 다음과 같다.

첫째, 과거의 잡지나 신문 구독 서비스가 아니라, 디지털·온라인·클라우드 플랫폼에서의 구독 서비스의 위력이 훨씬 강력하다. 둘째, 디지털 서브스크립션 모델을 채택한 기업들의 성장 속도가 S&P 500 기업들의 평균 성장 속도보다 몇 배 빠르다. 셋째, 개별적인 제품 판매보다는 고객과의 관계 유지를 통해 '정기적인 구독 서비스 판매로 반복적인 매출을 만들어내는' 기업이 미래 시장에서 두각을 나타낼 것이다. 넷째, 구독 경제에 적응하지 못하는 기업은 뒤처질 것이다.

그의 전망은 과연 얼마나 실현될 것인가? 경제 잡지 <배런스>의 다음 커버 기사가 하나의 힌트가 될지 모른다.

"서브스크립션 모델이 미국 기업을 재편성하고 있다."

정기구독이 시장을 바꾼다

기사를 좀더 자세히 보자. 넷플릭스NFLX나 스포티파이SPOT처럼 초창기부터 서브스크립션 서비스를 시작한 회사들 덕분에 구독 모델이 얼마나 효과적인지는 이미 증명된 바다.

전통적인 대기업들 또한 구독 서비스로 전환 후 큰 성공을 거뒀다. 시가 총액 1위를 재탈환한 마이크로소프트MS의 클라우드 및 오피스 365 구독 서비스, 포토샵과 프리미어 등을 구독 모델로 바꿔 큰 성공을 거둔 어도비ADBE의 크리에이트 클라우드 서비스 등이 그것이다. 여기에 더해, 퀵북스Quickbooks라는 서브스크립션 형태의 온라인 회계 프로그램을 선보인 인튜이트INTU의 예는 구독 모델이 클라우드 SaaS 서비스형 소프트웨어, 이와 관련해서는 파트 4에서 자세히 다룰 것이다와 함께 시너지를 이끌어낼 수 있음을 보여준다.

다음 표를 보자. 정기구독 서비스를 시작한 이후 기업들의 성공이 놀랍다. 12개 기업을 비교한 결과 서브스크립션 모델을 적극적으로 채택한 이후 회사들의 주가 수익률은 전체 평균 187.8%로 S&P 500의 44.6%를 월등히 앞선다.

••• 정기구독 서비스 모델을 도입한 결과

회사	티커	도입일 ~완료일	수익률	동기 S&P 500 수익률
시놉시스	SNPS	2004년 8월 ~2007년 8월	21.1%	33.7%
어드벤트 소프트웨어	ADVS	2004년 10월 ~2007년 4월	72.6%	30.5%
아리바	ARIBA	2005년 4월 ~2012년 5월	361.3%	13.5%
케이던스	CDNS	2008년 7월 ~2012년 7월	11.2%	4.3%
아스펜 테크놀로지	AZPN	2009년 7월 ~2015년 8월	359.1%	136%
어도비	ADBE	2011년 11월 ~	792.7%	119.3%
오토데스크	ADSK	2013년 10월 ~	229.4%	59.2%
인튜이트	INTU	2014년 8월 ~	146.5%	35.3%
모델N	MODN	2015년 2월 ~	31.2%	31.6%
PTC	PTC	2015년 4월 ~	128.3%	29.3%
프로스 홀딩스	PRO	2015년 5월 ~	47.8%	29.1%
가이드와이어 소프트웨어	GWRE	2017년 3월 ~	52.7%	13.2%
평균			187.8%	44.6%

벤처 캐피털리스트인 알란 패트리코프Alan Patricof에 따르면, 페이스북과 구글, 아마존이 모든 광고 수익을 빨아들이고 있는 세상에서 초기 테크 스타트업들이 살아남을 강력한 방법은 서브스크립션 모델이다. 그리고 이런 생각이 스타트업 업계에 넓게 통용되고 있다고 한다. 이 때문에 소프트웨어 또는 테크 신생 기업들이 서브스크립션 모델을 채택하는 경우가 늘어나고 있는데, 의료 교육 서비스를 제공하는 오스모시스Osmosis와 운동용 자전거 대여 서비스를 제공하는 펠로톤Peloton 등이 대표적이다.

스타트업 기업들만이 아니다. 서브스크립션에 대한 관심은 분야를 막론하고 높아지고 있다. 트랙터 제조업체인 존 디어John Deere, DE도 농기구 정비 서비스를 선보였으며, 심지어는 뉴욕 맨해튼 배런스 건물 앞에 위치한 신발닦이인 돈 워드도 2010년부터 1년에 100달러로 무제한 구두닦이 서비스를 제공 중이라고 한다!

서브스크립션 성공의 핵심인 고객 유지 솔루션을 제공

그렇다면 정기구독 모델을 채택하면 누구나 성공할 수 있을까? 어도비의 CEO 샨타누 나라옌Shantanu Narayen은 '고객이 꾸준히 구독하도록 유지하는 것retention이 성공의 핵심'이라고 말한다. 즉, 기업과 고객과의 신뢰 및 관계가 이 모델에서는 매우 중요하다는 것이다. 이를 위해 기업은 고객이 무엇을 원하는지 꾸준히 모니터해야 하고, 고객 반응에 바로 반응해 방침과 방향을 바꿀 수 있어야 하며, 개발자 역시 소비자의 습관과 행동을 살펴 거의 실시간으로 소프트웨어를 업데이트해야 한다는 것이다. 요즘 소프트웨어 기업들이 인공지능과 빅데이터를 통해 소비자 습관 및 행동 관련 정보를 얻으려 혈안이 된 것 역시 이와 어느 정도 관련이 있다고 볼 수 있다. 결국 구독 모델은 반복적으로 수익을 창출할 수 있는 서비스Recurring Revenue가 성공의 핵심이라는 것이다.

뉴욕대 스턴 비즈니스 스쿨의 애스워드 다모다란Aswath Damodaran 교수는 '앞으로 구독 서비스가 많아질수록 구독 서비스를 채택하거나 이에 투자할 때 신중해야 할 것'이라고 말한다. (참고로 이 분의 블로그aswathdamodaran.blogspot.com를 보면 주옥같은 인사이트를 얻을 수 있을 것이다.) 그는 '흔히 벤처 캐피탈 또는 일반 투자자들이 구독 서비스 회사를 판단할 때 얼마나 많은 가입자를 가지고 있느냐만 가지고 회사의 가치를 가늠하려는 경향이 있는데 이를 경계해야 한다'고 주장한다. 또한 구독 서비스 자체가 마법처럼 수요를 창출해내는 것은 아니며 모든 회사가 넷플릭스나 어도비처럼 될 수는 없다며, 특히 구독 서비스에서 들어오는 수입 대비 실제로 회사가 구독 서비스를 유지하기 위한 비용을 얼마나 지출하고 있는지를 잘 살펴봐야 한다고 조언한다.

일례로 비어있는 영화관 자리를 한 달간 무료로 쓰게 해주는 무비패스Moviepass는 실패했다. 넷플릭스 같은 디지털 플랫폼들이 저렴한 구독료로 전 세계 사용자들에게 박리다매할 수 있었던 것과는 달리, 무비패스의 구독 서비스는 오프라인에서 이루어져 박리다매가 불가능했기 때문이다. 다모다란 교수는 이 같은 이유로 공유경제와 구독경제를 헷갈리지 말아야 한다며, 우버와 리프트 같은 차량 공유 서비스 역시 서브스크립션 모델이 불가능할 것이라 전망했다.

지금까지 살펴보았듯 서브스크립션 모델은 마법의 성공 공식이 아니다. 앞으로 더 많은 기업들이 구독 모델을 채택할 테지만, 소비자들의 주머니는 한정되어 있는 데 비해 눈높이는 올라갈 것이므로 구독을 클릭하게 만들기는 점차 어려워질 것이다. 따라서 점점 까다로워지는 고객들을 위한 구독 서비스 결제 방식의 진화, 매출 분석 등을 통해 적정한 가격 책정과 구성을 도와주는 서비스 등이 필요해질 것이다. 주오라는 바로 이러한 솔루션을 제공하는 회사이다. 구독 경제에서 소비자와 기업을 모두 만족시킬 수 있는 기업인 것이다. 재미있는 사실은 주오라 역시 서브스크립션 서비스를 제공하는 SaaS 기반 클라우드 서비스 기업이란 점이다.

주오라의 실적과 주가 흐름

주오라의 주가는 2019년 IPO 이후 초기 20달러에서 37달러까지 뛰었다가 폭락하여 현재는 15달러2019년 9월 2일 기준에 거래되고 있다. 모틀리 풀에서 분석한 바에 의하면 여기에는 여러 이유가 있으나, 가장 중요한 것은 다음과 같다. 기관 투자자가 전체 주식의 단 39%밖에 소유하고 있지 않으며, 주오라 내부에서도 10%밖에 가지고 있지 않다. 즉, 전체 주식의 51%를 개인 투자자가 소유하고 있는 것으로 변동성이 클 수밖에 없다.

또 지난 실적 발표 때 단 3명의 애널리스트가 참가했다고도 알려졌다. 세일즈포스의 경우 8명이 참여했는데, 이는 상대적으로 기관들의 관심이 적은 기업이란 뜻이다. 소형주이니 당연한 것일 수도 있으나 큰 투자금이 투입되지 않았으므로 주가가 쉽게 오르내릴 수 있다는

●●● **주오라의 주가 흐름**

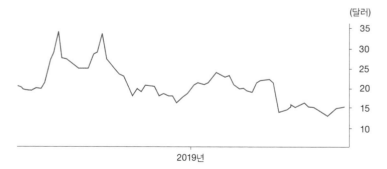

2019년

해석도 된다.

실적은 어땠을까? 매출 성장세가 둔화되고 있지만 주오라의 핵심이
라 할 서브스크립션의 매출은 40%에서 서서히 증가해 성장세를 보
였다. 오히려 서브스크립션 이외 사업 분야의 마진은 적어서 장기적
관점에서 서브스크립션이 매우 중요하다.

●●● 주오라의 실적 추이

출처 : quotes.wsj.com

	2019년	2019년 7월	지난 5년간 트렌드
순이익 성장	-64.54%	-6.26%	
매출액	321.08 M	69.73 M	
매출액 성장	+25.88%	+20.74%	
EBITDA	+18.67 M	-18.67 M	

다음 달러 유지율DBRR을 보자. 기존 고객이 주오라의 서비스에 얼마나 추가로 돈을 썼는지 나타내는 차트로, 100% 이상이란 것은 기존 고객들이 초기보다 더 많은 비용을 지불하더라도 서비스 구독을 유지한다는 말이다. 주오라의 고객은 보통 빌링기본 결제 시스템을 기본으로 구입한 후, 기본 구독에 레브프로RevPro, CPQ, 콜렉트Collect 등 3가지 상품을 더할 수 있다. 달러 유지율이 높다는 것은 기본 구독 후 (소프트웨어와 시스템에 익숙해지고 그에 의지하게 됨에 따라) 추가 서비스를 사용하는 고객이 많다는 뜻이다. 주오라만의 생태계 확장이 잘 되고 있다는 방증이라 하겠다. 참고로, 연간 계약이 10만 달러 이상인 고객 또한 연 30%씩 증가하고 있다.

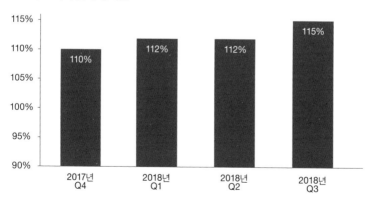

••• 주오라의 달러 유지율

밸류에이션 면에서는 고평가 구간을 지나 현재는 적당해 보인다. 조심해야 할 부분은 취약한 현금 흐름이다. 아직까지는 IPO로 마련한 펀드가 든든하나, 기술주에 대한 투자 심리가 위축되면 자본을 끌어모으기가 쉽지 않을 수도 있다.

아직은 작은 회사로 주가 변동성도 굉장히 큰 종목이다. 장기적인 관점에서 관심을 가지고 지켜볼 만한 회사가 아닐까 한다. 포트폴리오에 넣는다면 1~2% 정도가 적당하지 않을까 하는 것이 개인적인 생각이다.

written by Bull Over Bear

비만의 나라 미국,
다이어트 시장의 성장과 ETF 슬림

비만 ETF The Obesity ETF(Nasdaq : SLIM)

여러 매체를 통해 미국은 왜 뚱뚱보의 나라가 되었는지, 미국 비만율 증가에 관한 기사를 자주 접하게 된다. 각종 정부기관과 통계청이 미국의 비만율 증가 원인으로 여러 가지를 제시했는데, 그중에서도 한 끼 식사량의 증가, 식습관 변화, 운동 부족 등이 대표적인 원인으로 꼽히고 있다.

십여 년 전, 필자가 미국에 처음 와 인상 깊었던 것 중 하나가 바로 식당에서 나오는 한 끼의 양이 엄청나다는 것이었다. 이제는 적응되어 식사 전후로 애피타이저와 디저트까지 포함해 후딱 해치울 수 있지만, 처음에는 한 끼를 시킨 후 남은 음식을 집에 가져가 두 끼, 심지어 세

끼로 나눠먹기도 했었다. 미국의 엄청난 한 끼 식사량은 동양권에서 온 친구들뿐 아니라 유럽에서 온 친구들도 놀랄 정도였다. 그런데 나이 든 미국인과 대화를 나눠보면, 미국도 예전에는 이 정도로 음식양이 많지는 않았다고 한다.

실제로 미국 질병통제예방센터CDC에서 내놓은 자료를 보면, 요즘 패스트푸드 점에서 제공되는 한 끼의 양은 1950년대의 4배에 이른다. 프렌치프라이는 2.4온스에서 6.7온스로, 햄버거는 3.9온스에서 12온스로, 탄산음료는 7온스에서 무려 42온스로 커졌다!

미국은 고칼로리 음식이 정말 저렴하다. 처음 미국에 왔을 때는 고기가 싸다는 사실에 행복했고, 마음껏 버터와 치즈를 즐겼다. 가공음식은 엄청나게 저렴한 반면, 오히려 야채가 비싼 느낌이라 레스토랑에 가도 굳이 비싼 돈을 주고 샐러드를 선택하기가 어려웠다. 저렴한 음식으로 치면 미국 패스트푸드를 따라갈 것을 찾기 힘들 테다. (이것도 미국의 비만율 증가 원인으로 꼽힌다.)

또 하나 느낀 것은, 억지로 노력하지 않는 한 움직일 일이 많지 않다는 것이다. 대도시 한 복판에 살지 않고서는 걸어 다닐 일이 생각보다 적다. 큰 땅덩어리에 인구 밀도가 높은 곳은 몇 개 대도시 외에 손에 꼽을 정도로 대중교통이 발달할 수 없는 구조이다. 그래서 미국에서는 차가 곧 발이다. 그나마도 요즘은 온라인으로 쇼핑하고, 넷플릭스로 영화 보고, 음식도 배달시켜 먹으니 시간 내서 여행을 가거나 조깅, 산책을 하거나 운동을 하지 않으면 일상생활에서 움직일 일이 더 적어졌다.

이처럼 여러 이유가 있겠으나, 결론적으로 미국의 비만율은 계속 올라가는 추세이다. (성인 비만율뿐 아니라 아동 비만율도 증가하고 있다.) 또한 당뇨병도 증가하고 있는데, 이로 인해 건강 및 다이어트 시장 역시 커질 것으로 예상되며 각종 회사들이 다이어트 관련 리포트를 내고 있다. 실제로 건강, 다이어트서비스, 식품, 약품과 관련된 회사들이 큰 매출과 주가 상승을 나타내는 경우가 있었다. 웨이트 워처스Weight Watchers International, WTW, 뉴트리시스템NutirSystem, NTRI, 메디패스트 Medifast, MED, 마인드바디MIMDBODY, MB, 노보 노르디스크Novo Nordisk, NVO 등이 대표적이다.

다이어트 시장은 위험하다?!

다이어트 시장에 대한 투자는 신중해야 한다는 의견도 있다. 어느 회사가 잘 될지, 트렌드가 어떻게 바뀔지 모르기 때문이다. 다이어트를 원하는 추세는 변함이 없겠지만, 특정한 트렌드가 지속되리란 장

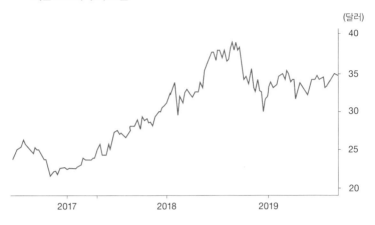

●●● 비만 ETF의 주가 흐름

(달러)

담은 할 수 없기 때문이다. 체중 감량 효과가 없으면 바로 다른 제품이나 서비스로 쉽게 바꾸는 것이 이 시장 소비자들이다. 특히 핏빗Fitbit, FIT 같은 체중 관리 및 건강 관리 관련 앱이나 전자기기의 경우 이런 가변성이 더 크게 나타난다고 한다. 또한 다이어트는 중간에 그만두는 경우가 많다. 단식을 하든, 맛없는 저염식을 먹든, 운동을 하든 어떤 방법이든 어느 정도 고통이 수반되기 때문이다. 그만큼 쉽게 변화하는 것이 비만 관련 시장으로, 최근에는 건강을 생각한 다이어트 소다가 인기라니 참 신기한 마켓이기도 하다.

정리하자면, 전체 비만과 관련하여 건강한 라이프 및 다이어트 트렌드는 유효하지만 각 세부적인 회사들의 시장 점유율은 예상하기 어럽다는 말이다. 오프라 윈프리 효과를 톡톡히 보았던 웨이트워처스 같이 어떤 모멘텀이 있어야 하는 것이다.

그럼에도 이 시장에 관심이 있다면 눈여겨볼 ETF•가 있다. 2016 년 6월부터 야누스 캐피탈 매니지먼트Janus Capital Management LLC가 운용 중인 비만Obesity ETF가 그것이다. 티커는 재미있게도 SLIM이다. 포트폴리오를 살펴보면 단순히 다이어트와 관련된 제품뿐 아니라 심

••• 비만 ETF 포트폴리오에 포함된 상위 10종목

회사	티커	사업 내용	비중
노보 노디스크	NOVO-B	당뇨 관리	21.24%
레즈메	RMD	수면무호흡증 및 호흡기 관리	9.9%
프레제니우스 메디칼케어	FME	신장 투석 서비스	7.15%
덱스콤	DXCM	당뇨 관리를 위한 포도당 모니터링 시스템	7.1%
인슐렛	PODD	부착형 인슐린 조절제	5.66%
탄뎀 다이아비티즈 케어	TNDM	휴대용 인슐린 펌프	4.72%
피셔앤페이켈 헬스케어	FPH	수면무호흡증 및 호흡기 관리	4.71%
다비타	DVA	신장 투석 서비스	4.58%
아비오메드	MODN	심장 펌프 제조	4.04%
허벌라이프	HLF	체중 관리	4.03%

장질환, 당뇨병 등 비만과 관련된 질환을
다루는 제약회사까지 다양하게 포함돼
있다.

ETF

익스체인지 트레이드 펀드,
즉 상장지수펀드(Exchange
Traded Fund)이다. S&P 500
같은 주요 주가 지수, 업종별
지수, 상품 지수 등과 연동
되는 인덱스 펀드를 거래소
에 상장시켜 일반 종목처럼
사고팔 수 있게 한 것으로,
주요 운용사로는 스파이더
(SPDR), 블랙록, 뱅가드, 스
테이트 스트리트, 아이셰어
즈, 모닝스타 등이 있다.

written by Bull Over Bear

클라우드의 성장은
사이버 보안의 성장

사이버 보안 ETF(Nasdaq : HACK) (Nasdaq : CIBR)

갈수록 클라우드를 이용하는 기업들이 늘어나고 있다. 이유가 무엇일까? 저렴하기 때문이다. 1800년대 후반에서 1900년대 초반, 전기 공장이 등장한 것과 비슷한 이유이다. 공장에서 기계를 돌리기 위해서는 전기가 필요했고, 그에 따라 각 기업들은 자체 발전기를 두었다. 그리고 관리자를 두고 꾸준히 발전기를 수리하고 정비하며 전기를 만들어 냈다.

그런데 공장에서 돌려야 할 기계 수가 많아지고 전기 소비량이 늘어나니 자연히 설비 투자금, 유지비, 관리비 등이 많이 들어가게 되었다. 이런 문제로 말미암아 등장한 것이 전기 공장이다. 전기 공장에서 대량의 전기를 생산하여 전깃줄로 공급할 수 있게 되자 각 공장에서 발전기를 따로 운영하던 때와는 비교도 안 되게 전기값이 저렴해졌다.

오늘날의 클라우드는 저 시절 전기 공장과 같다. 위의 '전기'를 '데이터'로 치환해보자. 기업들은 자체 서버를 두고 데이터 보관 및 처리를 하고 있었다. 초기에는 관리할 데이터란 게 그리 많지 않았다. 그런데 데이터가 곧 기업의 경쟁력이 되는 세상이 되고, 특히 인공지능과 5G 시대에 접어들면서 금융과 헬스케어, 자동차, 방송 등을 막론하고 데이터가 안 쓰이는 산업이 없게 되었다. 데이터가 넘쳐나자 서버 설비비와 유지비, 관리비, 전기비 등이 너무 많이 들게 되었다.

그래서 데이터 처리를 대신해준다는 클라우드 회사가 주목받게 되었다. 심지어 비용 또한 날이 갈수록(기술이 발전할수록) 저렴해져 개별 기업이 데이터를 관리하는 것과는 비교가 되지 않는다.

그런데 한 가지 걸리는 점이 있다. 바로 불안감이다. 클라우드에 맡긴 데이터가 유출되면 어떻게 하나? 클라우드 서비기 비이러스에 걸려 고객의 소중한 정보가 유실되면 어떻게 하나? 바로 이런 이유로 클라우드의 생명은 보안이다. 클라우드가 늘어날수록 보안과 관련된 수요 또한 늘어날 수밖에 없다.

사이버 보안 관련 ETF

사이버 보안 관련 ETF로는 어떤 것들이 있을까? 프라임 사이버 보안 ETFETFMG Prime Cyber Security ETF, HACK와 퍼스트 트러스트 나스닥 사이버 보안 ETFFirst Trust NASDAQ Cybersecurity ETF, CIBR가 있다. ETF 뿐만 아니라 팔로알토 네트워크PANW, 포티넷FTNT, Z스케일러ZS, 체크 포인트CHKP, 사이버아크CYBR, 옥타OKTA, 프루프 포인트PFPT 등 포트폴리오를 구성하는 개별 종목들에 관심을 가져보는 것도 좋을 것이다.

●●● **사이버 보안 관련 ETF의 주가 흐름**

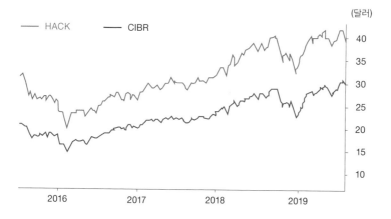

••• 사이버 보안 ETF 포트폴리오에 포함된 주요 종목

회사	티커	비중(HACK ETF)	비중(CIBR ETF)
레이시온	RTN	-	6.11%
시만텍	SYMC	3.96%	3.67%
시스코	CSCO	3.48%	5.26%
세일포인트 테크놀로지	SAIL	3.75%	2.88%
팔로알토 네트웍스	PANW	3.44%	6.04%
BAE 시스템즈	BA	1.04%	3.46%
어베스트	AVST	3.6%	1.65%
CACI 인터내셔널	CACI	3.43%	-
옥타	OKTA	0.99%	6.0%
아카마이 테크놀로지	AKAM	3.58%	3.41%
프루프프린트	PFPT	3.56%	3.12%
포티넷	FTNT	3.29%	3.1%
사이버아크	CYBR	2.68%	2.41%
스플렁크	SPLK	2.99%	5.42%
Z스케일러	ZS	0.85%	2.61%

written by Bull Over Bear

배당 ETF의 포트폴리오에서
가장 큰 비중을 차지하는 10개 회사

시장이 불안할 때면 분산 투자와 장기 투자에 대한 의견에 힘이 실리곤 한다. 상승장에서는 수익률이 별로일 수 있으나 하방에서 쿠션 역할을 해주는 경기 안정주에 대한 관심이 특히 증폭된다. 안정적인 배당을 추가로 주는 배당주에 대한 관심 또한 커지기 마련이다.

　필자는 성장주, 특히 기술주의 경우 일시 하락하더라도 펀더멘털에 변화가 없는 한 언젠가 다시 반등하리라 믿는 편이다. 하락장은 오히려 보유하고 있거나 관심을 두고 있던 배당주의 주가가 너무 올라버려 배당주 신규 매수를 고민하는 시기이다. 혹자는 주가가 오르면 좋은 것이 아니냐고 묻겠지만, 배당주를 하나둘씩 모아가며 은퇴 이후의 안정적 수입을 준비하는 입장에서는 배당주 투자에 대한 고민이 깊어

진다. 그래서 아직 저평가된 구간에 있는 섹터를 보는 것도 방법이란 생각을 한다.

필자는 본업에서 나오는 월급 중 일부를 한 달에 두 번씩, 꼬박꼬박 적립식으로 투자하고 있다. 그중에는 반드시 배당주가 포함된다. 개인적으로 배당투자의 핵심은 낮은 변동성과 꾸준한 배당, 그리고 배당 재투자라고 생각한다. 따라서 고배당·저변동성High Yield Dividend & Low Volatility Stock/ETF과 배당귀족주Dividend Aristocrats에 50% 정도를 두고, 장기적 배당 성장에서의 플러스 알파를 생각하며 배당성장주Dividend Growth Stock/ETF에 25%를 투자한다. 나머지 25%는 월별로 골고루 배당금을 나누기 위해 기본적으로 배당을 얼마나 많이 주느냐Dividend Yield, 변동성Beta이 어떻게 되는가, 배당일이 언제인가를 고려하여 투자한다.

이런 원칙이 있다 해도 어떤 종목을 고를지는 항상 고민이다. 필자는 기본적으로 배당과 관련한 증권사 리포트 등을 보고 디비던드닷컴www.dividend.com을 참고한다. 이외에 즐겨 찾는 배당관련 투자 블로그로는 다음과 같은 곳들이 있다.

● 디비던드 가이 블로그 www.thedividendguyblog.com

166

- 디비던드 만트라 www.dividendmantra.com

- 디비던드 디플로매츠 www.dividenddiplomats.com

- 디비던드 그로스 스탁 www.dividend-growth-stocks.com

- 디비던드 어너 www.dividendearner.com

- 디브허트 divhut.com

- 디비던드 캐시플로우 www.dividend-cashflow.com

- 디비던드 몽크 www.dividendmonk.com

- 디비던드 그로스 인베스터 www.dividendgrowthinvestor.com

- 심플리 세이프 디비던드 www.simplysafedividends.com

ETF 포트폴리오 속에 힌트가 있다

종목을 고르는 방법은 다양하지만, 그중에 가장 쉬운 것은 인기 있는 ETF의 포트폴리오가 어떤 종목으로 구성되어 있는지를 참조하는 것이다. 디브그로 divgro.blogspot.com 를 운영하는 퍼디에스 FerdiS 가 전반기와 하반기, 매년 두 번씩 미국의 배당 관련 ETF의 포트폴리오에서 가장 큰 비중을 차지하고 있는 톱 50개 종목을 발표하고 있어 많은 도움이 된다. 함께 살펴보자.

2019년 5월 기준, 배당주 ETF들의 포트폴리오에 가장 많이 포함

된 톱 50 종목의 배당 수익률은 3.5%이고 연간 수익률은 11.2%_{동기}
간 S&P 500은 6%이다. 지난 5년간 46.9%의 수익률을 올려 S&P 500의
수익률51.3%을 살짝 밑돌았다.

배당 관련 ETF들의 포트폴리오에서 가장 많은 비중을 차지하고
있는 기업은 버라이즌 커뮤니케이션Verizon Communications, VZ(이하 버
라이즌)이며, AT&TAT&T, AT, 엑손모빌Exxon Mobil, XOM, 마이크로소프트
Microsoft, MSFT가 그 뒤를 이었다. 2018년 11월의 순위와 비교해보면 다
음과 같이 바뀌었음 을 알 수 있다. 톱 10에서 코카콜라KO가 밀려났고
대신 IBMIBM이 들어왔다.

지면상 다 싣지는 못하지만, 톱 50개 종목을 살펴보면 다음과 같은
변화가 있었다.

50위 밖으로 밀려난 종목

보잉BA, CVS헬스CVS, 유나이티드헬스그룹UNH, 퍼스트에너지FE, 유니온
퍼시픽UNP, 콜스KSS, AESAES, 엑슬론EXC, 메이시스M, 아메리칸 일렉트릭
파워AEP, 센추리링크CTL, 리얼티인컴O, DTE 에너지DTE

50위 안에 진입한 종목

퀄컴QCOM, 아바고 테크놀로지스AVGO, 제너럴밀스GIS, 프린시플 파이낸셜
그룹PFG, 콘솔리데이티드 에디슨ED, 킴벌리클라크KMB, 킨더 모건KMI, 윌

리엄스 컴퍼니스WMB, 제너럴 일렉트릭GE, 카디널헬스CAH, **J.M.스머커컴**

퍼니SJM, 웨스턴유니온WU, 액센츄어ACN

GICS 섹터별로 분류해보면 IT 기술주 비중이 22%로 가장 높고,

●●● **배당 ETF에 가장 많이 포함된 상위 10종목**

2018년 11월			2019년 5월		
순위	회사	티커	순위	회사	티커
1	엑슨모빌	XOM	1	버라이즌 커뮤니케이션	VZ
2	애플	AAPL	2	AT&T	T
3	마이크로소프트	MSFT	3	엑슨모빌	XOM
4	존슨앤드존슨	JNJ	4	마이크로소프트	MSFT
5	버라이즌 커뮤니케이션	VZ	5	애플	AAPL
6	화이자	PFE	6	프록터 앤드 갬블	PG
7	셰브런	CVX	7	셰브런	CVX
8	AT&T	T	8	존슨앤드존슨	JNJ
9	프록터 앤드 갬블	PG	9	IBM	IBM
10	코카콜라	KO	10	화이자	PFE

필수소비재 18%, 유틸리티 12%로 그 뒤를 잇고 있다. 특이한 것은 소재와 리츠 섹터 종목이 하나도 없다는 점이다.

그렇다면 톱 10의 배당 지표들은 어떨까? 아래 표를 참조하자. 다양

••• 상위 10종목의 배당 지표

점수별 기관 및 사이트
- 안정성 순위, 경재적 강점 점수 : 밸류라인   • 경재적 해자 : 모닝스타
- 신용등급 : S&P 글로벌   • 배당안정성, 배당성향 : 심플리 세이프 디비전드
- 디비던드닷컴 등급(5점 만점) : 디비던드닷컴
- 배당건전성(5점 만점) : 리얼리티 셰어스

티커	안정성 순위	재정적 강점	경제적 해자	신용 등급	배당 안정성	배당 성향	디비던드 닷컴등급	배당 건전성
XOM	1	A++	좁음	BBB+	84	51	3.6	4
AAPL	1	A++	좁음	BBB	55	57	1.6	3
MSFT	1	A++	넓음	AA+	86	74	3.6	4
JNJ	1	A++	좁음	AAA	99	40	4.8	4
VZ	2	A++	넓음	AA+	99	25	4.2	5
PFE	1	A++	좁음	AA-	99	66	4.2	4
CVX	1	A++	넓음	AA	85	60	3.8	4
T	1	A++	좁음	AAA	99	44	4.8	4
PG	1	A++	넓음	A	65	46	3.4	4
KO	1	A++	좁음	AA	79	45	4.6	4

한 기관 및 사이트에서 배당주를 평가하기 위해 자체적으로 세워놓은 기준 및 평가 방식에 의해 추산된 점수들이 포함되어 있다. 유명 사이트들이 각 종목을 어떻게 평가하고 있는지 나타내는 지표로서 참고할 만할 것이다.

참고로 필자는 SSD심플리 세이프 디비던드의 배당안정성 점수가 80점 이상이고, 디비던드 닷컴 등급이 4점 이상인 기업을 선호하는 편이다. SSD 배당성향은 50점 이상이면 좋지만 배당성장주인 경우는 50점 이하인 경우도 있기 때문에 참고만 하는 편이다.

기업이 자사주 매입을 못하는 기간이 있다?!

written by **Bull Over Bear**

2017년도 말, 공화당 및 트럼프의 세제 개혁 이후 미국 기업들은 법인세 이하 및 본국 환송세 감면 혜택을 받게 되었고, 이로 인해 기업들의 현금 보유량이 급격히 늘어났다. 임금 인상에 대한 기대감이 높았으나, 실질적으로 월급으로 살아가는 사람들에 대한 낙수효과는 미미했다. 그렇다면 기업들은 넘쳐나는 현금을 어디에 사용했을까? 바로 자사주 매입과 배당 증가였다.

세금 감면 이후 2018년 한 해 동안 미국의 공룡 기업들이 사들인 자사주 매입 규모는 8천 억 달러를 웃돌아 사상 최고치를 기록했다. 이런 자사주 매입 정책은 주식을 소각하여 시장에 남아 있는 주식의 가치를 높이는 효과를 냈고, 이는 트럼프 취임 이후 미국 주가 상승의 주요 원인으로 꼽히기도 했다.

그런데 기업의 자사주 매입이 금지되는 기간이 있다는 걸 알고 있는가?

자사주 매입 블랙아웃Buyback Blackout 기간이 그것으로, 미국 기업들은 내부자 거래 등을 방지하기 위해 분기가 끝나기 2주 전부터 실적 발표 이후 이틀48시간까지 자사주 매입을 금지하고 있다. 물론 SEC미국의 증권거래위원회가 마련해둔 사이드룰Rule 10b5-1에 의해 미리 공시만 한다면 블랙아웃 기간이라 하더라도 자사주 매입이 가능하니 엄청나게 엄격한 법은 아니다. 그러나 일반적으로는 기업마다 자체 내규를 두고 이 블랙아웃 룰을 따르고 있다. 골드만 삭스는 2018년 10월 5일부터 S&P 500 기업 중 86%가 블랙아웃 기간에 들어갈 것이라고 발표한 바 있다.

2018년을 돌이켜보면 분기가 끝나기 2주 전 즈음부터3월, 6월, 9월 실적 시즌이 본격화되기 전4월, 7월, 10월까지 조정장이 반복되었었다. 여기에다 금리 인상, 장단기 국채 금리 스프레드 하락이 시작되었고, 이에 예년보다 주가 하락폭이 커지며 패닉 셀공황매도, 가격이 더 떨어지기 전에 팔려는 것 등으로 연결되었다. 이처럼 단기 변동성이 높아진 데 대해 알고리즘 매매특정한 컴퓨터 알고리즘에 따라 자동으로 이뤄지는 매매 및 ETF로 몰리는 자금 때문이라는 분석이 이어졌었는데, 우연히도 이때가 자사주 매입 블랙아웃 기간과 겹쳤다.

앞서 언급한 대로, 2018년 미국의 주식시장을 끌어올린 원동력 중 하나는 기업들의 자사주 매입이었다. 이미 전반기에만 2017년의 약 48% 규모인 3,840억 달러의 자사주 매입이 일어났으며 이것이 미·중 무역 전쟁 중에도 주가 상승의 주요 원동력이었기에, 골드만삭스의 애널리스트들은 3차례의 조정장이 바로 이 자사주 매입 금지 기간과 연관이 있을 것이라는 분석을 내놓았다. 자사주 매입이 특히 활발했던 섹터가 기술주에 몰려있었으므로 조정장에서 나스닥이 더 크게 하락했다는 분석이었다.

물론 자사주 매입 여부가 주가를 무조건 끌어올리거나 반대로 무조건 끌어내린다고 일반화할 수는 없다. 자사주 매입 여부와 상관없이, 가장 중요한 것은 기업 자체의 펀더멘탈과 퍼포먼스일 것이다. 따라서 블랙아웃 기간 자체를 따지기 이전에 실적 발표 내용을 잘 봐야 할 것이다. 단, 만약 실적이 좋은 회사가 실적 발표 시 사이드룰로 대규모 자사주 매입 소식을 밝힌다면 긍정적으로 바라볼 여지가 있을 것이다. 실적 발표 이틀 후 자사주 매입 소식이 들려오는 것 또한 예의 주시할 만하다. 이후 더 큰 규모의 자사주 매입이 일어날지도 모르기 때문이다.

PART 04

독보적 1등, 미국이 아니면 안 되는 산업에 답이 있다

#미국주식_중수_이상 #4차산업
#바이오 #항공 #방위

주식투자에서 볼 수 있는 가장 큰 손해는

훌륭한 회사를 너무 일찍 파는 데서 비롯된다

written by Bull Over Bear

기술 신냉전의 시대,
투자자라면 주목할 변화

리서치 업체인 로듐 그룹에 따르면 미국의 대중對中 투자금은 2016년 460억 달러에서 2018년 50억 이하로 크게 감소했다. 기존에는 기업의 해외 이전을 적극 장려했던 미국이다. 그런데 이제 와서 안보에 대한 우려를 표하며 투자를 억제하니 기업 입장에서는 당혹스러울 수도 있다.

이 같은 상황의 본질이 미·중 패권 전쟁이란 것을 모르는 사람은 드물다.

현재 상황을 정리해보자. 중국의 입장은 이렇다.

'제품 가격을 저렴하게 만들어주는 세계의 공장이란 타이틀이 더는 만족스럽지 않다. 세계 1위가 되고 싶다. 무역 협정이고 뭐고, 기술력을

통해 세계 1등이 되겠다는 야망을 더는 숨기지 않겠다.'

미국의 입장은 이렇다.

'미국의 1위 자리를 넘보는 중국에게 더 이상 관용은 없다. 장기판에서 장기짝을 하나 내주더라도 말이다'

이 팽팽한 줄다리기는 현재 진행형으로 언제까지 이어질지 모른다. 전 세계 주식시장을 뒤흔들 수 있는 신냉전의 시대, 미국주식 투자자로서 우리가 주목해야 할 것은 무엇일까?

미·중 패권전쟁 : 기술 신냉전은 현재 진행형

수년간 미국은 중국의 네트워크 장비가 미국 기업에서 사용되는 것을 경계하는 입장을 취해왔다. 중국이 네트워크 장비를 통해 스파이 활동을 할 가능성, 지적 재산을 절도할 가능성 등을 염려한 것이다. 단기 혹은 장기적으로 무역 전쟁 협상이 마무리되더라도 기술 전쟁이 끝나지 않을 것으로 생각하는 이유다. 무역 전쟁이 완화된다 해서 이런 공포감이 쉽사리 없어질 리 없기 때문이다.

화웨이를 예로 들어보자. 2017년 미국 상장기업 플렉스FLEX, 브로드컴AVGO, 퀄컴QCOM, 마이크론MU, 인텔INTC, 쿠오보QRVO는 각각 9천만 달러 이상의 장비를 화웨이에 판매한 바 있다. 트럼프 행정부의 화웨이 수출 금지는 반도체 사이클보다 오히려 더 큰 위험으로 작용할 가능성이 있다. 이와 관련하여 CNBC, 마켓와치 등도 중국 수출이 매출의 비중을 크게 차지하는 기업들을 조심하라는 평을 내놓은 바다. (2018년, 마켓와치와 더스트리츠는 S&P 500 중 중국 매출 비중이 높은 기업 리스트를 정리해 발표했다. 중국은 미국의 통신 관련 반도체 칩을 많이 수입했는데 특히 스카이웍스의 중국 매출 비중은 80%에 이르렀다.)

미국은 자국 기업뿐 아니라 우방국에도 중국 기술력을 쓰지 말라는 압력을 넣고 있다. 일례로 2018년 8월, 호주는 5G 네트워크에 화웨이 장비 사용을 금했다. 그리고 2019년 1월, 호주의 무선 인터넷회사 TPG 텔레콤은 새로운 이동통신망 구축 계획을 전면 취소했다. 이후 TPG의 주가는 2018년 8월 기준으로 -29%나 하락했다.

유럽 역시 화웨이에 강경한 태도를 취하라는 미국의 압력을 받고 있다. 그러나 유럽 통신사들은 그간 화웨이 장비를 잔뜩 사들여 왔던 터다. 미국의 화웨이 금지 행정명령에도 영국과 독일, 네덜란드 등은 화웨이 제재에 적극적으로 동참하지는 않을 것으로 보인다. 영국의 1위 업체인 보다폰Vodafone의 경우 네트워크 핵심 부품만 화웨이 제품 사용을 일시 금지시켰을 뿐이다.

장기판의 말이 된 테크 기업들,
그렇다면 투자자가 알아야 할 것은?

중국의 기술 굴기를 적극적으로 견제하는 정책의 결과, 오히려 일부 미국 기업들이 타격을 받는 상황도 발생했다. 무역 전쟁 이후 중국 소비자들이 자국 제품을 더 많이 사용하게 되어 실적이 악화된 기업들도 있는 것이다. 일례로 중국인들의 아이폰 수요 감소로 인해 애플의 실적이 악화된 바 있다.

미·중 간 기업 합병 이슈도 잘 살펴봐야 한다. 싱가포르에 본사가 있던 브로드컴AVGO이 중국 커넥션으로 퀄컴QCOM을 인수하려 하자 미 재무부 산하 외국인투자심의위원회CFIUS가 주총 연기 명령으로 인수를 사실상 제재한 바 있다. 브로드컴이 싱가포르 기업 아바고에 인수된 데다 화웨이와 관계를 맺어온 점이 문제가 된 것이다. 그런가 하면 퀄컴은 중국 시장규제위원회의 시간 끌기로 인해 네덜란드의 NXP 반도체NXPI 인수를 포기했다. 반도체 시장의 유례없는 빅딜이 될 뻔한 인수합병이 무산된 것과 관련, 퀄컴은 연례보고서에서 "향후 M&A에 대한 명성이 훼손된 만큼 인수합병 과정이 쉽지 않거나 비싸질 수 있다"라고 언급했다. 제재와 보복이 이어지며 기업들이 희생양이 되고 있는 것이다.

중국에 이미 많은 투자를 해놓은 미국 기업들이 울며 겨자 먹기로 백업 플랜을 가동해 추가 비용을 들여서라도 중국 외 지역으로 옮길 가능성도 있다. 이 경우 큰 기업이라면 어느 정도 감당이 될 것이다. 그러나 더 걱정해야 하는 것은 두 강대국이 자국의 이익을 보호한다는 명목 하에 기술 생태계 전체를 무너뜨릴 수도 있다는 점이다. 중국과 미국이 서로 더 큰 왕을 잡기 위해 아까워도 장기 차, 포, 마를 뗄 수도 있다는 말이다.

그렇다. 개인적으로 보건대, 테크 기업은 전체 장기판의 장기짝 중 하나이다. 화웨이가 그렇듯이, 테크 기업은 미·중 간 패권 전쟁의 무기이자 언제든 쓸 수 있는 카드가 되고 말았다.

월스트리트의 전문가들은 이런 이야기를 하기 힘들 수 있다. 그러나 듣기 어렵다 해서 투자자가 이런 위험성을 인지조차 못한다면 말이 안 된다.

자, 그럼 어찌하라는 말일까?

지금 같은 기술 신냉전의 시대, 전선에 서 있는 기업에 투자하기 위해서는 변화를 잘 살펴봐야 한다. 너무 골치가 아프면 관련 종목은 아예 건드리지 않는 것도 좋은 방법일 수 있다.

신중한 접근이 필요한 마이크론

반도체 칩은 중국의 아킬레스 건으로, 기술 신냉전의 주요 싸움터다. 딜로이트에 따르면, 수년 동안 중국은 반도체 굴기를 외쳐왔지만 필요한 양에 비해 자체 생산량은 30%밖에 되지 않는다. 2018년 말에 필라델피아 반도체 지수는 관세에 대한 우려와 시장 조정으로 크게 하락했었다가 12월 말을 기준으로 2019년 초 +17% 반등했다. 시장에서는 과매도에 따른 심리적 불안감 해소가 크게 작용했다고 하며, 기술주들의 반등 역시 영향을 미쳤다. 그러나 2019년 초 반도체 기업들의 실적 발표 이후 중국발 수출 규제 또는 수요 약화 이슈는 해소되지 않았음을 확인할 수 있었다.

경제 잡지 <배런스>는 특히 마이크론Micron Technology, MU을 조심해야 한다고 했는데, 필자도 매우 동의하는 바이다. 마이크론은 삼성전자, SK하이닉스에 이어 전 세계 3위, 미국 내에서는 1위 메모리 반도체 기업이다. 화웨이의 미국 수출 금지가 일어난다면 타격이 클 수 있으며, 화웨이 이슈를 떠나서도 중국이 미국 메모리칩에 대한 의존도를 줄일 경우 영향을 받을 가능성이 있다.

그간 중국은 스마트폰에 사용되는 플래시 메모리 등 로우·엔드비교적 성능이 떨어지는 제품 저기술력을 요하는 곳에 더 집중해왔다. 그러나 중국의 최종 목표는 단기적인 수익보다는 자체 반도체 칩을 생산하는 것이다. 여건이 되는 한 꾸준히 반도체 굴기 프로젝트를 진행할 수 있

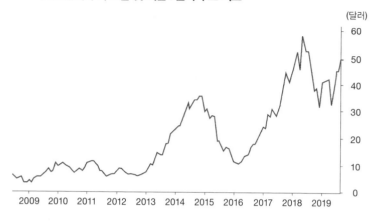

	2017년	2018년				2019년	
	Q4	Q1	Q2	Q3	Q4	Q2	Q3
EPS	2.08	2.81	2.81	3.10	3.55	1.42	0.74
PER	6.68	5.92	5.79	4.56	3.18	3.82	5.76
PBR	2.10	2.10	2.26	1.84	1.24	0.99	1.50
ROE	40.45%	46.28%	49.23%	50.19%	47.59%	28.89%	-

주요 지표●

EPS : 주당순이익
PER : 주가수익비율
PBR : 주가순자산비율
주가 / 1주당 순자산가치
ROE : 자기자본이익률

으며, 실제로 국유기업이 D램 양산 직전 단계까지 갔다는 보도도 있었다. 중국의 반도체 굴기가 실현될 경우 삼성전자와 SK하이닉스, 마이크론의 반도체 칩 가격에 추가적으로 타격이 갈 가능성도 없지 않다. 만약 중국

183

이 외교적인 이유로 삼성전자와 SK하이닉스의 의존도를 높일 경우, 마이크론이 받을 충격은 예상보다 더 심화될 수 있다. 이와 관련해 마이크론은 연간 보고서에서 "중국의 막대한 반도체 산업 투자로 인해 경쟁이 치열해질 수 있고, 중국 정부가 자국 시장에서 마이크론에게 불이익을 줄 수도 있다"라고 언급했다.

마이크론은 삼성전자에 비해 사업다각화가 덜 되어 있다. 심지어 S&P 500 기업 중 PER이 아직도 가장 낮은 저평가 구간에 있기도 하다. 만약 변동성을 기가 막히게 탈 수 있다면 나쁘지 않은 투자가 될지도 모른다. 그러나 앞날은 알 수 없는 일이다. 이 와중에 미·중 기술전쟁의 리스크까지 감당해야 하니 마이크론을 보유하고 있다면 밤에 편하게 잠을 이루지 못할 수도 있다.

화웨이의 경쟁자들

화웨이는 그간 시스코CSCO, 노키아NOK, 에릭슨ERIC, 시에나CIEN, 주니퍼네트웍스JNPR를 밟아가며 네트워크 인프라 업계에서 크게 성장해왔다. 화웨이 제재는 이들 기업에게 아주 좋은 소식이다. 특히 미국이 화웨이를 배제하고 5G를 부양하는 행정명령을 시행할 경우, 시스코가 아마도 안전한 투자 선택이 될 것이라고 <배런스>는 전망했다. 화웨이는 이미 미국의 제재를 받고 있으나 공식적인 행정명령은 미국의 우방국에도 명분을 주기 때문이다.

●●● 화웨이 경쟁사들의 최근 3년간 주가 흐름 비교

시스코　시에나
노키아　주니퍼네트웍스
에릭슨

특히 주목할 부분은 시스코의 경우 중국발 매출이 단 3%에 불과하다는 것이다. 또 사업다각화가 잘 되어 있다. 이것은 장점일 수도 단점일 수도 있는데, 만약 화웨이의 시장 점유율이 줄어든다면 전체 사업에서 라우터·스위치 부분이 4분의 1밖에 되지 않는 시스코보다는 오히려 노키아, 에릭슨, 시에나, 주니퍼네트웍스가 득을 볼 수도 있다. 선택은 투자자 본인의 몫이다.

싸우거나 말거나, 반도체의 중립 지대

기술 신냉전 시대에 스위스와 같은 중립 지대가 있다면 그것은 세계 최대 파운드리 업체인 대만의 TSMCTPE: 2330일 것이다. 고객사 명단을 보면 애플APPL, 퀄컴QCOM, 엔비디아NVDA, 화웨이002502.SZ, 미디어텍MEDT 등 미국과 중국의 핵심기업이 총망라되어 있다. 기술력과 고객 맞춤형 가격 및 서비스가 압도적이라 파운드리 업계에서는 단연 1위이다. 특히 스마트폰과 향후 인공지능 기술을 선도할 칩에서 돋보인다. 즉, TSMC는 미국과 중국의 기술 경쟁에 있어 양국에 없어서는 안될 절대적으로 중요한 자산 같은 존재이다.

TSMC가 있는 대만 역시 기업과 동일하게 중립적 입장을 취하고 있다. 사우디아라비아가 석유로 전 세계에서 입지를 다졌듯이(셰일 혁명으로 인해 바뀌고 있긴 하나), 대만 역시 반도체 칩과 관련해서 과거 사우디아라비아와 같은 입장을 유지하려 하고 있다.

하지만 대만의 정치, 경제, 외교 상황을 안 따져볼 수는 없는 노릇이다. 자치권을 위해 군사적으로는 미국의 보호를 받고 있으나 경제적으로는 (대만을 국가로 인정하지 않는) 중국에 의존하고 있다. 만약 중국이 TSMC에게 미국 기업과의 관계를 끊으라 압박하며 보이콧이라도 하면 어떻게 될까? 이와 관련해 TSMC는 직접적인 언급을 피했으나, 글로벌 투자회사 록크릭 그룹의 CEO 알베르토 파시노티Alberto Fassinotti에 따르면 TSMC가 이런 보이콧을 비롯한 다양한 상황에 대비해 사업을 다각화했다고 한다. 또한 중국이 만약 미국 기업을 TSMC로부터 떼어놓으려 하는 움직임을 보이면 미국은 바로 대응할 것이며 '냉전이 뜨거운 전쟁으로 변화할 것'이라고도 했다.

이런 이유로 TSMC는 수많은 펀드매니저들이 선호하는 안전 종목 중 하나이다. 다만 <배런스>는 반도체 변동성이 해소되는 시기쯤 매수하는 것이 좋지 않겠냐는 의견을 냈다.

written by 비행소년

클라우드 전쟁,
분야별 승자는?

메릴린치에서 2018년 5월경에 내놓은 약 160여 페이지의 리포트가 있다. 제목은 <클라우드 전쟁 : 디지털 트랜스포메이션>이다. 여기서 디지털 트랜스포메이션(이하 DX)은 말 그대로 업무나 회사 기반 시스템들의 디지털화를 뜻한다. 그리고 리포트는 그 중심에 '클라우드'가 있다고 말한다. 말이 간단히 클라우드지 사실은 IaaS서비스형 인프라스트럭처, PaaS서비스형 플랫폼, SaaS서비스형 소프트웨어, UCaaS서비스형 통합커뮤니케이션 등등을 포함하는 개념이다.

DX로 인한 클라우드 총시장규모total addressable market : TAM는 2020년 3,100억 달러, 2023년에는 4,750억 달러로 추정된다. (그래도 애플 시총보다는 작다.)

<클라우드 전쟁 : 디지털 트랜스포메이션>는 서베이로 시작한다. 약 1,300명의 CIOChief Information Officer, 인포메이션 부서 최고 지도자들을 대상으로 여러 조사를 했는데, 그중 가장 중요한 질문은 다음의 것이라고 생각된다.

"당신의 회사에서 DX를 위해 쓰고 있는 혹은 쓸 계획이 있는 소프트웨어 회사는 어디입니까?"

대답은 1위 마이크로소프트MSFT, 2위 세일스포스CRM, 3위 SAPSAP였다.

또한 현재 회사의 DX 단계를 1~5로 표현했을 때1은 DX를 시작하는 단계, 5는 DX가 완성된 단계 약 68%가 3단계, 즉 디지털화하는 중이라고 대답했다.

DX를 위한 관련 세부 기술로는 아래와 같은 것들이 있다.

- 블록체인
- 인공지능AI, 머신러닝ML
- 디지털 마케팅
- 세일즈 클라우드
- 이커머스 서비스 클라우드
- HCM인적 자원 관리
- 사물인터넷IoT
- 비즈니스 인텔리전스BI
- aPaaS서비스형 애플리케이션 플랫폼
- 커스터머 서비스 클라우드
- APIs, 클라우드 인티그레이션
- ERP전사적 자원 관리
- UCaaS서비스형 통합커뮤니케이션, CPaaS서비스형 플랫폼

그렇다면 현재 이 중 가장 많은 서비스를 제공할 수 있는 회사는 어디일까? 바로 세일즈포스이다.

그러나 다양한 서비스를 제공한다 해서 그것이 곧 분야 최고라는 뜻은 아니다. 이와 관련해 살펴볼 수 있는 또 다른 자료가 있다. IT 분

●●● **세일즈포스의 주가 흐름 및 최근 7분기 주요 지표**

	2018년				2019년		
	Q1	Q2	Q3	Q4	Q1	Q2	Q4
EPS	0.46	0.39	0.14	0.29	0.49	0.11	0.45
PER	670.06	189.05	135.79	128.26	105.53	112.48	125.66
PBR	8.01	8.03	7.67	7.15	7.50	7.80	6.79
ROE	4.05%	7.26%	7.68%	7.68%	8.09%	7.69%	-

야 기업들을 대장lead, 틈새시장 공략자niche, 도전자challenger, 공상가 visionaries로 시각화해 분류해주는 가트너의 <매직 쿼드런트>가 그 것이다. 필자가 수집한 자료를 바탕으로 몇 가지 DX 서비스별 관련 기업들을 살펴보자.

BI

가트너는 BI 비즈니스 인텔리전스 분야의 기업들을 아래와 같이 분류하고 있다. 회색은 개인회사/비공개 회사들의 기업명임.

대장 : 마이크로소프트MSFT, 태블로 소프트웨어DATA, 클릭Qlik

틈새시장 공략자 : 버스트Birst, 루커Looker, 도모Domo, 인포메이션 빌더스Information Builders, 오라클ORCL, 보드 인터내셔널BOARD International, 옐로우핀Yellowfin, 피라미드 애널리틱스Pyramid Analytics

도전자 : 마이크로스트레티지MSTR

공상가 : 시센스Sisense, 써트스팟ThoughtSpot, 세일즈포스CRM, SASSAS, SAPSAP, 팁코 소프트웨어TIBCO Software, IBMIBM

BI는 쉽게 설명하자면 빅데이터를 수집 및 분석하여 그래프, 차트 등으로 시각화한 뒤에 시장 조사, 사업 방향, 디시전 메이킹 등등의 지표로 활용할 수 있게 해주는 것이다. BI 하면 필자의 머릿속에 떠오르는 것은 한 회사, 바로 태블로이다. 가트너의 자료 역시 상장된 기업 중 대장으로 마이크로소프트와 태블로를 꼽고 있다.

SIEM

이어서 SIEMsecurity Information And Event Management 분야를 보자. 네이버 사전을 보면 '빅데이터 기반 보안관제 시스템'이라고 소개돼 있는데, 이 이상 간단명료한 설명은 어려울 것 같다. 그렇다면 가트너의 분석 결과는 어떨까? 이 분야는 2017년 자료를 참고함. 상장되어 있는 기업 중 대장으로는 IBM과 스플렁크가 눈에 띈다. 회색은 개인회사/비공개 회사들의 기업명임.

대장 : IBMIBM, 스플렁크Splunk, 로그리듬LogRhythm, 맥아피McAfee

틈새시장 공략자 : 에일리언볼트AlienVault, 파이어아이FEYE, 넷아이큐(마이크로포커스MCRO 소유), 포티넷FTNT, 비너스테크SHE: 002439, 이벤트트래커ventTracker, 트러스트웨이브Trustwave, 솔라윈즈SWI, 매니지엔신ManageEngine, 블랙스트라디스BlackStratus

도전자 : 아크사이트(마이크로포커스MCRO 소유), **RSA**(델DELL 소유)

공상가 : 래피드7RPD, 엑사빔Exabeam, 시큐로닉스Securonix

CRM

CRMcustomer Relationship Management은 '클라우드 베이스 고객 관리' 정도로 이해할 수 있을 것이다. CRM 하면 떠오르는 회사는 단연 세일즈포스이다. 회색은 개인회사/비공개 회사들의 기업명임.

대장 : 세일즈포스CRM, 페가시스템PEGA, 마이크로소프트MSFT, 오라클ORCL, 젠데스크ZEN

틈새시장 공략자 : 베린트시스템VRNT, 프레시웍스Freshworks, 이게인EGAN, Bpm'온라인Bpm'online, 슈거CRMSugarCRM, CRM넥스트CRMNEXT

도전자 : SAPSAP

공상가 : 서비스나우NOW

여기서는 지면 상 표현하지 못했으나, <매직 퀀드런트>의 시각 자료를 보면 세일즈포스는 다른 회사들을 제치고 단연 독보적인 위치를 차지하고 있다.

사실 CRM, SIEM 등은 통틀어 SaaS의 영역에 들어간다. 그런데 이 SaaS란 것이 참 애매모호하다. 묶어서 하나의 시장이라 보기에는 그 영역대가 너무 방대하며 세분화되어 있다. 그런 까닭에 먼저 시작한 회사가 계속해서 선두를 차지하는 측면이 없지 않은데, CRM의 첫 선두주자가 바로 세일즈포스였다. 그런 측면에서 세일즈포스의 지위를 판단해볼 수 있을 것이다.

IaaS

다음은 IaaSInfrastructure as a Service, 서비스형 인프라스트럭처이다. 가상의 데이터 공간을 제공해주는 서비스로 우리가 가장 흔히 떠올리는 '클라우드'의 개념에 가깝다. 클라우드 하면 많은 분들이 아마존 웹서비스AWS와 애저Azure를 생각할 것이다. 아니나 다를까, 애저의 마이크로소프트와 아마존 웹서비스의 아마존이 대장을 점하고 있다. 회색은 개인회사/비공개 회사들의 기업명임.

대장 : 아마존AMZN, 마이크로소프트MSFT

틈새시장 공략자 : 버투스트림Virtustream, 랙스페이스Rackspace, 센추리링크CTL, 인터루트Interoute, 스카이탭Skytap, 조이언트Joyent, 후지쯔TYO: 6702, NTTTYO: 9432

도전자 : (없음)

공상가 : 구글GOOGL, 알리바바BABA, IBMIBM, 오라클ORCL

재미있는 것은 구글과 알리바바가 아직 공상가(영어로 visionaries,

우리말 '공상'과 정확히 치환할 수는 없으며 야심가라고 표현해도 될 듯하다)
영역에 분류되어 있다는 점이다. 이 분야는 2017년 자료를 참고함.

UCaaS

이어지는 것은 아직 많이 알려지지 않은 UCaaSUnified Communication
as a Servie, 서비스형 통합커뮤니케이션이다. 간단히 말해, 사무실에 전화기를
없애버리는 서비스로, 전화나 팩스, 이메일, 수신자부담 전화, 화상 미
팅 등등 커뮤니케이션 일체를 클라우드 서비스로 융합시키는 분야이
다. 대장 중에서도 1등을 가리기 어려운 분야로, 스카이프를 보유한
마이크로소프트 그리고 구글과 AT&T 등 공룡 기업들이 의외로 도
전자로 분류되어 있다. 눈여겨볼 필요가 있는 시장으로 생각된다. 이 분
야는 2017년 자료를 참고함.

대장 : 버라이즌 커뮤니케이션스VZ, 링센트럴RNG, BTBT, 오렌지 비즈니스
　　서비스Orange Business Services, 인트라도INTRADO(West에서 사명 변
　　경), 8x8EGHT

틈새시장 공략자 : NTTTYO: 9432, 스타투스타Star2Star, 메서지Masergy

도전자 : 마이크로소프트MSFT, 구글GOOGL, AT&TT

공상가 : 퓨즈Fuze, 미텔MITEL, 브로드소프트BroadSoft

HCM

마지막으로 HCMHuman Capital Management, 인적 자원 관리을 살펴보자. 간단하게 설명하자면, 클라우드 베이스의 '인사과' 정도가 되겠다. 즉 각 떠오르는 회사는 단연 워크데이다.

대장 : 워크데이WDAY, 얼티메이트 소프트웨어Ultimate Software, 오라클 ORCL, SAPSAP

틈새시장 공략자 : 메타4Meta4, 인포Infor, 램코시스템RAMCOSYS, 크로노 스Kronos, 탈렌티아 소프트웨어Talentia Software

도전자 : 세리디안Ceridian, 오토매틱 데이터 프로세싱ADP

공상가 : (없음)

역시나 워크데이와 오라클, SAP가 꽉 잡고 있는 시장으로 보인다. 그런데 한 가지, 개인적인 경험으로 눈여겨보는 기업은 오토매틱 데이터 프로세싱이다. 필자는 미국에서 3번 직장을 옮겼는데 모두 오토매틱 데이터 프로세싱을 통해 월급을 받았기 때문이다.

가나긴 메릴리치 메릴린치의 <클라우드 전쟁> 리포트는 결국 7개의 회사에 대한 매수 의견을 제시하는 것으로 마무리된다. 마이크로소프트MSFT, 세일즈포스CRM, SAPSAP, 아마존AMZN, 구글GOOGL, 허브스팟HUBS, 젠데스크ZEN가 그것이다.

클라우드 분야에 관심이 있다면 이들 기업들, 그리고 위에 언급된 다양한 기업들의 동향에 관심을 가져보는 것이 좋지 않을까 한다.

written by Bull Over Bear

클라우드 소프트웨어 서비스에 여전히 관심을 둬야 하는 이유

BVP 나스닥 클라우드 지수라는 것이 있다. 2013년 8월 이후로 지금까지 무려 492%가 상승해서 나스닥127%, S&P 50081%, 다우존스80%를 상회한다. 변동폭은 시장 지수보다 훨씬 큰 수준이다. 예를 들어 보자. 2018년 하반기에 시장이 -15% 빠질 때 클라우드 지수는 -27%였다. 그런데 당시 고점에 매수했다 치더라도 현재 수익률은 시장 지수보다 훨씬 높다. 필자도 2018년 하반기에 포트폴리오의 현금 비중을 적극적으로 클라우드 SaaS 종목 매수에 집중하여 이듬해 수익률에 보탬이 되었다.

　이유가 무엇일까? 클라우드, 그중에서도 특히 클라우드 소프트웨어 서비스SaaS의 성장성이 큰 이유는 무엇인가? 다음 표를 보자. 2019

••• BVP 클라우드 지수와 3대 지수 주가 흐름 비교

— S&P 500   — BVP 클라우드 지수
— 다우존스
— 나스닥

••• 전 세계 글로벌 IT 지출 예상 *단위 : 십억 달러

분류	2018년 지출액	2018년 성장률	2019년 지출액	2019년 성장률	2020년 지출액	2020년 성장률
데이터 센터 시스템	210	15.7%	203	-3.5%	208	2.8%
엔터프라이즈 소프트웨어	419	13.5%	457	9.0%	507	10.9%
디바이스	712	5.9%	682	-4.3%	688	0.8%
IT 서비스	993	6.7%	1,031	3.8%	1,088	5.5%
커뮤니케이션 서비스	1,380	-0.1%	1,365	-1.0%	1,386	1.5%
IT 전반	3,716	5.1%	3,740	0.6%	3,878	3.7%

년 7월자로 업데이트된 가드너의 글로벌 IT 지출 예상표이다.

결론은 2019년과 2020년, 전 세계 IT 분야에서 '기업을 대상으로 한 소프트웨어' 그리고 'IT서비스'의 지출이 늘어난다는 말이다. 데이터 센터 시스템, 디바이스, 커뮤니케이션통신 서비스 관련 지출 증가율은 상대적으로 줄어든다.

지금까지는 데이터 센터 시스템의 지출이 컸다면 앞으로는 지출의 변화를 잘 살펴봐야 할 것이다. 즉, 향후 데이터 센터 시스템의 지출 성장률은 둔화되는 데 반해 소프트웨어와 서비스는 높은 지출 성장률을 계속 유지할 것이란 점에 주목할 필요가 있다.

이와 관련해 개인적인 생각을 잠깐 풀어보겠다. 경기가 안 좋아지고 주머니 사정이 쪼그라들면 사람들은 돈을 어디에 쓸까? PC나 태블릿 등을 사기보다는 먹고 마시는 데 쓰는 것이 우선일 것이다. 먹고 마시는 것조차도 프리미엄보다는 가성비 좋은 것을 찾게 될 테다. 그런데 지금 전 세계 경기 상황은 점점 어두워지고 있다. 미국의 상황이 좀 낫다고는 하지만 예전만은 못하다. 당연히 개인을 상대로 한 IT 산업, 예를 들면 디바이스 분야의 부진이 예상된다.

한편 기업들은 경기가 안 좋아질 것을 대비해서 최대한 돈을 아끼려고 할 것이다. 투자 여력이 생기면 자사주를 매입하고 배당금도 올리고, 남은 돈으로는 미리 이려울 때를 대비할 것이다. 서버를 사서 관리하거나, 거대 조직을 유지하거나, 새로운 데이터 분석팀을 채용하는 등 돈이 많이 드는 지출에 관한 스탠스는 어떻게 변할까? 같은 일을 더 저렴하게 해주는 '기업을 상대로 하는 소프트웨어' 회사가 있다면 당신이 사업가라 해도 당연히 계약하지 않겠는가? 예를 들면, 인사팀을 대폭 줄이는 대신 온라인으로 인사 관리를 해주는 워크데이 같은 회사와 계약하지 않겠는가?

필자는 바로 이런 이유로 향후 몇 년간 클라우드가 주류가 될 것으로 본다. 왜냐하면 그것이 기업이 장기적으로 돈을 아낄 방법이기 때문이다. 자체적으로 소프트웨어 팀을 꾸려서 만들고, 그걸 유지하느라 서버를 두면 돈이 너무 많이 든다. 그래서 클라우드 SaaS서비스형 소프트웨어, PaaS서비스형 플랫폼, IaaS서비스형 인프라스트럭처를 찾는다. 지금까지는 PaaS와 IaaS에 중점을 두었다. 서버 사고 직원 뽑아 관리하고 반도체 사서 유지하려면 돈이 많이 들고, 거금을 들여 OS 라이선스 비용을 내면 돈이 많이 드니까. 여기에서 한 발 더 나아가, 프로그램을 돌려야 하는데 일일이 사람을 뽑고 코딩해서 개발할 수는 없는 노릇. 그래서 기업의 CIO들이 투자를 SaaS로 돌리고 있다.

소프트웨어 주가 상승, 제2의 닷컴 버블일까?

<배런스>에 이런 기사가 나왔다. "소프트웨어 종목의 주가가 너무 올라서 마치 2000년 닷컴 버블을 보는 것 같다"라는 것이다. 이 같

은 우려 또한 감안할 필요가 있다. 여전히 '기업용 엔터프라이즈 소프트웨어' 종목에 주목해야 하지만, 정말 경기가 어려워지는 순간이 왔을 때 크게 흔들릴 수 있는 기업은 조심해야 한다. 기업의 꾸준한 선택을 받을 수 있는 SaaS 회사여야 한다는 뜻이다. 지금 당장 혹은 당분간은 매출 성장과 이익 성장으로 주가를 끌어올리고 있지만, 기업들로부터 선택받지 못해 조금이라도 실적에 금이 가는 순간 희비가 갈릴 수 있다. 또한 현재 경기 침체에 대한 공포심이 올라가고 있으며 이에 성장주에서 가치주로 섹터 로테이션이 일어나고 있다. 따라서 개인성향에 따라 집중할 수도 있겠으나, 불안하다면 분산하기를 권한다. (어디까지나 필자 개인 생각임을 밝혀둔다.)

BVP 클라우드 지수에 편입된 기업을 부록에 실었으므로 관심 있는 독자라면 부록248페이지을 살펴보길 바란다.

참고로, BVP 클라우드 지수를 추종하는 ETF는 없지만 소프트웨어 및 클라우드 관련 유망 ETF로는 퍼스트 트러스트 클라우드 컴퓨팅 ETFFirst Trust Cloud Computing ETF, SKYY, 글로벌X 클라우드 컴퓨팅 ETFFirst Trust Cloud Computing ETF, CLOU가 있다. 이러한 관련 ETF 또는 보유 종목 목록을 참고해도 좋을 것이다.

written by Bull Over Bear

패스틀리의 성공적인 상장으로 본
테크 트렌드

2019년 5월 18일 패스틀리Fastly,FSLY가 뉴욕증권거래소에 상장된 지 하루 만에 관련 기사가 쏟아졌다. 그도 그럴 것이 IPO 첫날 주가가 50% 상승했기 때문이다. 리프트, 우버 등 IPO 이후 주가가 하락했던 테크 기업들이 많아 실망했던 투자자들의 관심을 끌 만한 소식이었다.

물론 IPO는 시간이 지나 봐야 안다. 적어도 다음 분기 실적 발표 정도는 보고 투자를 결정하는 것이 좋다. 필자가 주목하는 것은 패스틀리라는 개별 기업이 아니라, 패스틀리가 제공하는 에지 컴퓨팅Edge Computing과 CDNContent Delivery Network 기술이다.

주목해야 할 테크 트렌드 1. 에지 컴퓨팅

에지 컴퓨팅이란 무엇인가? 클라우드 중앙 서버에 집중된 데이터 이동을 분산시키는 기술이다. 어려운 이야기 같지만, 알고 나면 심플하다. 중앙에 몰리는 현상, 그래서 이를 분산시키는 것은 항상 벌어지는 일이다. 예를 들어 맛집이 있다고 해보자. 본점이 유명해지면서 갈수록 사람이 몰리는 바람에 매일같이 줄이 길게 늘어서게 되었다. 기다리는 것도 한참이요, 주문도 오래 걸리고, 음식이 나오는 시간도 길다. 한마디로 과부하가 걸리는 것이다. 그런데 미슐랭 가이드에까지 소개돼 이제 해외에서까지 온다. 식당 주인은 고민 끝에 해결책을 마련한다. 바로 분점이다. 곳곳에 유명한 음식점의 분점이 생기니 지역별로 손님이 분산되어 식당 업무의 효율성이 좋아지고 손님들도 오래 기다리지 않아 만족하게 되었다.

자, 다른 예도 들어보자. 어느 왕이 드넓은 중원을 통일하고 그 중앙을 수도로 삼았다. 그러나 땅덩어리가 너무 넓어 통제가 안 된다. 왕과 그 직계가 국경 끝까지 관리하기가 쉽지 않다. 전국에서 민원이 올라오시만 다 처리하지 못해 반년이고 1년이고 쌓여만 간다. 해결책은? 나라를 몇 개의 행정 구역으로 나누어 충성스러운 귀족들을 각 땅의 제후영주로 보내어 통치하게 하는 것이다. 지배력을 분산하여 행정 효율을 추구하는 셈이다.

정확한 개념은 아니지만 대충 비유를 하자면 이와 같다. 이렇게 중앙으로 몰려 과부하된 것을 주변에지에서 도와주는 일은 IT 세계에서도 가능하다.

정보통신 시대에 들어선 이후 데이터량이 많아졌다. 어느새부턴가 기업들은 자체 서버 구축을 그만두고 클라우드 서버를 쓰기 시작했다. 그런데 기술 발전에 따라 그 증가 속도가 점차 늘어나고 데이터량 또한 기하급수적으로 불어난다. 중앙 클라우드 서버에 데이터가 집중되며 트래픽 과부하가 일어나기에 이른다. 그래서 에지 컴퓨팅에 데이

••• 그림으로 보는 에지 컴퓨팅

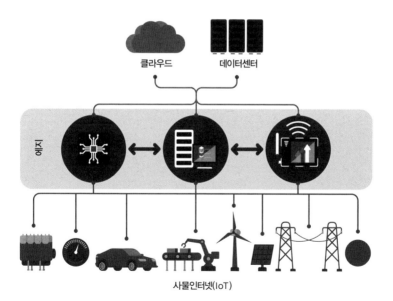

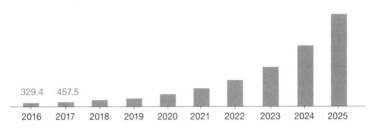

●●● **2016~2025년 미국의 에지 컴퓨팅 시장 규모 및 예측** *단위 : 백만 달러

329.4 457.5

2016 2017 2018 2019 2020 2021 2022 2023 2024 2025

출처 : www.grandviewresearch.com/industry-analysis/edge-computing-market

터 처리를 분산했더니 중앙 트래픽이 완화되었고, 엔드 유저사용자 입장에서도 데이터를 빠르게 받을 수 있어 편리해졌다.

미래에는 데이터 증가 속도와 그 양이 더 커질 것이다. 에지 컴퓨팅 시장이 꾸준히 성장할 것으로 예상되는 이유다.

주목해야 할 테크 트렌드 2. CDN

앞서 패스틀리의 약진과 더불어 주목해야 할 것 중 하나로 CDN을 들었다. CDN은 무엇일까? 콘텐츠 딜리버리 네트워크Contents Delivery Network, 즉 콘텐츠 전송망이다. 이는 에지 컴퓨팅과 비슷한 개념으로, 콘텐츠를 분산하여 전송하는 것이다. 중앙서버 한 군데서 전 세계로

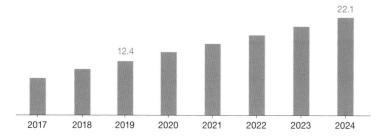

콘텐츠를 송출한다면 과부하가 걸리고 전송 속도 또한 느릴 수밖에 없다. 월드컵 경기를 생중계로 보고 있는데 집집마다 골 넣었다고 소리 지르는 시점이 달라지는 것이다. 앞집에서 지르는 환호성이 들린 지 몇 초 후에야 우리 집 화면으로도 골 넣는 장면이 나오는 식이다.

CDN을 쓰면 분산되므로 그림 전송도, 영상 전송도, 인터넷 속도도 빨라진다.

시중에 나와 있는 CDN 관련 소프트웨어(및 기업)로는 클라우드플레어Cloudflare, 아마존 클라우드 프론트CloudFront, 비핸스Behance, 키CDNKeyCDN, CDN77닷컴CDN77.com, 임퍼바Imperva, 구글 클라우드 CDNGoogle Cloud CDN, 네트리파이Netlify, 스택패스 CDNStackpath CDN, 아카마이Akamai, 랙스페이스 CDNRackspace CDN, 마이크로소프트 애

저 CDN_{Microsofte Azure CDN}, 제이에스딜리버_{JsDelivr}, 수쿠리_{Sucuri}, 콜렉티브_{Kollective} 등이 있다. 이 중에서 상장된 기업은 아마존_{AMZN}과 마이크로소프트_{MSFT}, 아카마이_{AKAM}, 구글_{GOOGL}이다.

최근2019년 9월 13일 뉴욕증권거래소에 상장된 클라우드플레어_{NET} 또한 눈여겨보자. 상장 당일 클라우드플레어의 주가는 약 20% 상승했다. 클라우드플레어는 샌프란시스코 기반 인터넷 인프라 및 보안 서비스 스타트업이다.

written by 약장수

급등폭 큰 바이오텍 투자, 너무 어려워 망설였다면

필자는 분자생물학을 전공하고 현재는 미국에 있는 스타트업 바이오텍 회사에서 일하고 있다. 업계 종사자이며 이쪽에 꽤 오래 있어 왔지만, 필자 역시 바이오 종목에 투자하는 건 쉽지 않았다. 밑바탕이 되는 과학을 이해하고 좋은 아이디어인지 아닌지를 구별할 수 있다 해도 주가에는 그 밖에 여러 요인이 작용하기 때문이다. 바이오주들은 바이오텍의 종류에 따라 다른 섹터의 주식들과는 다소 다른 요인으로 움직인다. 바이오 분야에 집중 투자하며 필자가 알게 된 내용들을 정리해 보겠다.

본격적인 이야기에 앞서, 여기서 다룰 바이오텍이란 신약 개발을 하는 회사들을 가리킨다는 사실을 밝혀둔다. 진단 관련 기기 및 시약을 개발하는 바이오텍은 다루지 않으며, 또 복제약과 바이오시밀러를 만드는 회사들 역시 다른 범주이므로 포함시키지 않을 것이다. 바이오텍은 구분 기준에 따라 여러 분류가 가능하나, 필자는 회사의 성장 단계에 따라 다음 3종류로 나눈다.

- 임상 단계 바이오텍 ·파마 Clinical Stage Biotech/Pharma
- 상업적 단계 바이오텍·파마 Commercial Stage Biotech/Pharma ❶ 1개 또는 2개 신약 승인을 받은 회사
- 상업적 단계 바이오텍·파마 Commercial Stage Biotech/Pharma ❷ 거대 제약회사

바이오텍의 종류별 접근 1. 임상 단계 바이오텍

주식시장에 나와 있는 대부분의 바이오텍들이 아마도 여기 해당될 것이다. 대부분의 바이오텍들은 개발 중인 신약 파이프라인 가운데 가장 앞서 나가 있는 신약이 최소 임상 1기 Phase I 를 마친 이후 IPO를 한다. 이 시기의 바이오텍은 아직 매출이 없는 상태이므로 외부에서 끌어오는 펀딩에 영향을 많이 받는다. 또한 임상시험 결과에 따라 천국과 지옥을 오고 간다. 별 이슈가 없는데도 하루 5% 등락은 보통

이고, 임상시험 결과가 예상보다 잘 나오거나 반대로 못 나오는 경우 하루 50~100% 등락도 어렵지 않게 볼 수 있다. 그렇다면 이 시기의 바이오텍 주식을 고를 때는 어떤 점을 잘 살펴야 할까?

창업자

개발하고자 하는 신약·질병 관련 분야에 명망 높은 연구자가 창업한 회사는 주목을 많이 받으며, 이후 언급할 파트너십을 맺는 데도 유리하다. 크리스퍼 유전자 가위를 처음으로 사람에게 적용한 MIT의 펑 장Feng Zhang 교수가 만든 에디타스 메디신Editas Medicine, EDIT이 대표적이다. 면역항암제Immuno Oncology 분야를 개척하고 이 분야의 첫 신약이 된 BMS의 여보이Yervoy 개발의 바탕이 되는 연구를 했던 제임스 엘리슨James Ellison 교수가 만든 자운스 테라퓨틱스Jounce Therapeutics, JNCE도 있다. 또한 대형 제약회사에서 스핀오프 타입으로 분사된 회사들의 경우 당연히 모회사로부터의 펀딩 혹은 파트너십을 가지게 된다. 바이오젠Biogen에서 독립한 바이오버라티브Bioverativ, 얼마 전에 사노피에 인수되었다, 아이오니스Ionis와 노바티스Novartis가 설립한 악시아 테라퓨틱스Akcea Therapeutics, ALCA 등이 이에 해당된다.

파트너십

대형 제약회사들과의 파트너십 여부는 초기 단계 회사들에 매우 중요하다. 파트너십은 초기 개발 단계에서의 안정적인 펀딩을 제공하고, 향후 인수합병의 우선적인 타깃이 되며, 임상 단계를 벗어나 상업적 단계에 들어갈 때 파트너 제약회사의 마케팅 인프라를 이용할 수 있기 때문이다.

전략

신약 개발은 경쟁이 치열한 분야이다. 전략을 잘 세운 회사가 더 매력적인 투자처인 것이 당연하다. 이 분야에서 많이 쓰이는 말 중에 '베스트 인 클래스, 퍼스트 인 클래스Best in Class, First in Class'라는 말이 있다.

'베스트 인 클래스분야 중 최고라는 의미로, 제약 분야에서는 '개량형 신약'으로도 번역된다 —편집부'는 이미 그 질병에 사용되고 있는 약이 있으나 그보다 더 좋은 약을 만들겠다는 전략이다. 이 경우 독보적인 전략이 요구된다. CAR-T라고 불리는 환자의 면역세포를 이용한 암 치료법이 그 대표적인 예이다. 이 치료법은 기존 치료법들에 비해 비교 불가의 높은 치료율을 보인다. 이 분야의 선두주자로서 치열한 경쟁을 벌이고 있는 카이트파마Kite Pharma, KITE, 길리어드 사이언시스에 인수되었다, 주노 테라퓨틱스Juno Therapeutics, JUNO, 쎌젠에 인수되었다, 블루버드 바이오Bluebird Bio, BLUE 등은 이미 대형 제약사에 인수되었거나 가장 높은 인수 순위에 있다.

한편 '퍼스트 인 클래스_{분야 중 선두라는 의미로, 제약 분야에서는 '혁신형 신약으}
_{로도 번역된다 ―편집부}'는 아직 그 질병에 대한 약이 없는 경우 최초로 약
을 개발하겠다는 전략이다. 근래 들어 많은 신생 제약회사들이 희귀
질병에 집중하고 있다. 흔한 질병들에 관한 약은 이미 많이 나와있기
때문에 '베스트 인 클래스'가 아닌 경우 시장 진입이 쉽지 않은 반면,
희귀 질병의 경우 시장성은 작지만 아직 개발된 약이 없어 진입장벽
또한 낮기 때문이다. 또한 FDA승인을 받는 데에도 유리하다.

후자의 경우 반드시 살펴봐야 할 요소는 확장 승인 가능성_{Label}
_{expansion potential}, 즉 같은 약을 가지고 다른 질병의 치료에도 쓰일 가
능성이 있는지의 여부이다. 신약 개발은 돈과 시간이 많이 들어가는
작업이므로, 이미 하나의 질병에 대해 FDA 승인을 받은 약을 다른
질병에도 사용할 수 있다면 많은 돈과 시간을 절약할 수 있게 된다.
따라서 어떤 회사의 파이프라인을 살펴볼 때는, 한 가지 신약으로 얼
마나 많은 다른 종류의 임상시험을 진행하고 있는지 확인하는 것이
좋다.

임상 데이터

임상시험 결과는 모든 바이오텍과 제약회사에 중요하지만, 특히
이 시기의 바이오텍에는 더 중요하다. 임상시험 결과에 따라 주가가

100%씩 오르락내리락하는 것이 예삿일이기 때문이다.

　우선 임상시험에 대해 간단히 알아보자.

　임상 1상은 대개 환자가 아닌 일반인들을 대상으로 신약 후보가 안전한 지를 알아보는 단계로서, 큰 부작용이 있는지 여부가 관건이다. 그러나 생명을 위협하는 심각한 질병의 경우 일반인이 아닌 실제 환자들을 대상으로 시험하기도 하며, 이 경우 임상 1상과 2상 시험을 병행하기도 한다. 임상 2상부터는 실제 환자들을 대상으로 약효를 테스트하며 사용량과 투여 주기 등을 결정한다. 임상 3상에서는 2기에서 정해진 용량 및 기간 등을 바탕으로 약효를 보다 정확하게 검증하는데, 통계적 유의미성을 얻기 위해 시험의 규모가 커진다. 임상시험 결과에 대해서는 그 누구도 예측할 수 없다. 바이오텍 투자를 도박으로 여기는 사람이 많은 것은 바로 이 때문이다.

　그렇다면 임상시험에는 보통 얼마의 기간이 소요될까? 질병의 종류에 따라 많은 차이가 있지만 빨라도 결과가 나오기까지 보통 1년 이상이 걸리며, 회사는 그 중간중간 결과를 발표한다. 이 같은 중간 발표는 아무 때나 할 수도 있지만, 실석 발표에 맞춰서 하거나 1년에 몇 번 있는 학회나 투자자 미팅에서 하는 경우가 많다. 유의해서 봐야 할 학회와 투자자 미팅으로는 봄에 열리는 AACR , 초여름에 열리는 ASCO, 겨울에 열리는 J.P. 모건 헬스케어 콘퍼런스 J.P. Morgan Healthcare

Conference 등이 있다. 이 시기 회사들의 실적 발표를 볼 때는 실적과 매출보다는 임상시험에 관한 추가 정보가 있는지를 좀 더 유의해 볼 필요가 있다. 중간결과 발표, 특히 임상 2상의 결과가 잘 나왔다면 투자를 고려해봐도 괜찮을 것이다.

바이오텍의 종류별 접근 2. 한두 개 신약 승인을 받은 회사

임상시험을 잘 통과하고 FDA에서 첫 신약의 승인을 받은 회사들이 이에 해당한다. 이 시기 회사들은 매출은 있으나 아직은 적자이다. 앞서 파트너십을 언급했는데, 대형 제약회사와의 파트너십 유무에 따라 이 시기 회사들의 명암이 갈린다. 보통 FDA 승인 소식이 전해지면 주가가 크게 뛰므로 이를 이용해서 공모public offering를 많이 한다. 공모 이후에는 주가가 많이 빠지게 되는데, 대형 회사와의 파트너십이 있어서 상품 론칭이 순조로운 회사들은 금방 주가를 회복하는 반면, 그렇지 못한 회사들은 그때부터 차트가 내리막을 그리는 경우가 많다.

한편, 이때부터 본격적으로 대차대조표balance sheet가 중요해진다. 이 시기 회사들은 공모 자금만으로는 마케팅 비용을 충당하지 못한 나머지 차입을 통한 자금 조달debt financing을 하는 경우가 많다. 흑자 전환이 예상되는 시기까지 얼마나 넉넉하게 자금을 갖춰 놓고 있는지, 시장에 처음 나온 신약이 예상만큼 팔리고 있는지 등이 이 시기 회사들의 생사를 결정짓는다. 이런 정보들은 분기별 실적 발표 때 알 수 있으므로 임상 단계 회사들과는 비교도 안 될 정도로 실적 발표가 중요해진다.

물론 회사마다 여러 개의 파이프라인후보물질을 가지고 있을 수 있으며, 승인받은 첫 번째 약보다 개발 중인 두 번째 약에 대한 기대감이 더 큰 경우도 있다. 이 시기의 회사들 역시 앞서 언급한 임상 단계 바이오텍들의 특징에서 자유로울 수는 없는 것이다. 그러나 이미 승인받아 시장에 나온 약이 있기 때문에 변동성volatility은 크게 줄어든 상태이다.

필자는 개인적으로 이 시기 회사들을 매수 타깃으로 삼곤 한다. 변동성은 임상 단계 바이오텍보다 적은 한편, 다른 여타 섹터들의 경우와 마찬가지로 적자에서 흑자 전환되는 시기에 주가가 크게 오르는 루트를 따르기 때문이다. 이 시기 회사들을 고르는 데 있어 한 가지 팁이라면, FDA 승인 후 2~3분기 정도는 지켜보고 실적 발표 때 신약의 매출이 어떻게 증가했는지 확인한 후 판단하는 것이다.

바이오텍의 종류별 접근 3. 거대 제약 회사

이 시기 회사들은 따로 설명하지 않아도 잘 알 만한 대형 제약회사들이다. 이 시기부터는 다른 섹터의 일반 기업들과 마찬가지로 실적과 매출의 증가 추이가 주가에 가장 큰 영향을 미친다. 이 시기 회사들 역시 많은 임상시험들을 진행하고 있지만, 얼마 전 쎌진Celgene, CELG의 경우처럼 블록버스터급 신약 후보가 임상시험에 실패한 경우●가 아니라면 자잘한 파이프라인의 임상 실패는 주가에 큰 영향을 주지 않는다. 한 가지 눈여겨봐야 할 점은 주력 제품의 특허 만료와 복제약제네릭과의 경쟁이다. 이 부분은 군이 추가적인 설명이 필요치 않을 것이다.

쎌진의 신약 실패●

2017년 9월 크론병에 대해 임상 3상을 진행 중이던 GED-0301의 실패 발표가 있었고 이 결과 주가가 내리막을 타게 된다. 이후 계속된 악재로 145달러이던 주가가 2018년 말 60달러까지 하락하고, 낮아진 시총 덕분에 브리스톨마이어스스큅에 인수합병되는데 그 발단이 된 사건이다.

끝으로, 바이오텍 ETF 2개를 소개할까 한다. 지금 바이오에서 가장 핫한 분야를 꼽자면 단연 유전자 편집/유전자 요법Gene editing/Gene Therapy, 그리고 항암제Cancer Immunotherapy일 것이다. 전자와 관련된 ETF로는 ARK 게놈혁명 멀티섹터 ETFARK Genomic Revolution Multi-Sector ETF, ARKG가, 후자와 관련된 ETF로는 론카 면역항암제

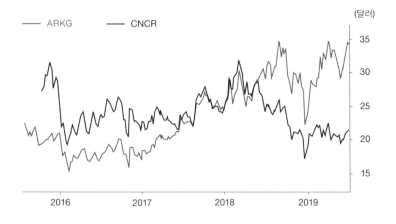

●●● 바이오텍 관련 ETF의 주가 흐름

ETF Loncar Cancer Immunotherapy ETF, CNCR가 있다. 개별 종목에 투자하

기가 힘들다면, 이 2가지 ETF를 활용하는 것도 방법이다.

written by 약장수

성장하는 바이오주를
고르는 법

많은 사람이 심한 변동성과 어려운 의학용어로 인해 바이오 제약회사에 투자하기를 힘들어한다. 정확한 통계는 모르겠으나, 상장된 바이오 제약회사의 60~70% 정도는 시장에 내놓은 제품이 없는, 즉 매출이 없는 임상 단계clinical stage 회사들로 짐작된다. 전망 좋은 임상 단계의 회사를 선택하는 경우 단기간에 큰 수익을 올릴 수도 있다. 그러나 임상시험의 성공률이 10%대에 불과한 것을 감안하면 임상 단계 회사에 투자하는 것은 도박에 가깝다.

바이오 제약 분야에서 일하는 사람이라 해도 임상에 성공할 확률이 높은 회사를 정확하게 골라내기란 내부자가 아닌 이상 거의 불가능하다. 그렇다고 이미 덩치가 커진 거대 제약회사에 투자하자니 수익률은 기대에 미치지 못하는 반면 변동성은 커서 선뜻 내키지 않는다.

1~2개 신약 승인을 받은 회사들에 주목하라

앞장에서 바이오 제약 회사를 분류하는 3가지 기준에 대해 이야기한 바 있다. 필자는 그 가운데서도 1~2개의 신약 승인을 받은 회사들에 주목한다. 설립 이후 최초로 매출을 만들어내는 시기이며, 첫 출시신약의 성과에 따라 적자에서 흑자로 전환할 수 있는, 즉 성장의 초기에 진입할 수 있는 시기이기 때문이다.

이 방법의 적정성 여부를 따져보기 위해 2012~2015년 FDA 승인을 얻은 신약 중 대형 제약회사, 미국에 상장되지 않은 해외 제약사, 비상장 제약사에서 만든 신약들을 제외한 나머지 소형 제약사들이 만든 신약들만 추렸다. 그리고 그중에서 다시 승인된 신약이 그 회사의 1~2번째 신약인 경우만 다시 추려서 현재 그 회사들이 어떤 위치에 있는지를 살펴보았다. (각 회사의 홈페이지에서 일일이 살펴봐야 하는 작업이라 시간이 상당히 소요되었다.)

그 결과 특이한 점을 발견할 수 있었는데, 상당수의 회사들이 현재는 존재하지 않는, 즉 대형 제약사에 인수합병된 회사라는 점이었다.

••• 신약 승인 후 인수합병된 회사들

회사명	신약명	FDA 승인	인수사	인수년도	인수가 (십억 달러)
스프라우트 파마슈티컬	Addyi	2015년 8월	밸리언트	2015년	1
키테라 바이오파마	Kybella	2015년 4월	액타비스-앨러간	2015년	2.10
NPS 파마슈티컬	Natpara	2015년 1월	샤이어	2015년	5.20
큐비스트 파마슈티컬	Zerbaxa	2014년 12월	머크	2015년	9.40
테사로	Varubi	2015년 9월	글락소 스미스클라인	2018년	5
인터뮨	Esbriet	2014년 10월	로체	2015년	8.30
아나코 파카슈티컬	Kerydin	2014년 7월	화이자	2015년	5.20
큐비스트 파마슈티컬	Sivextro	2014년 6월	머크	2015년	9.40
듀라타 테라퓨틱스	Dalvance	2014년 5월	액타비스-앨러간	2015년	0.68
첼시 테라퓨틱스	Northera	2014년 2월	룬드벡	2015년	0.66
파마사이클릭스	Imbruvica	2013년 11월	애브비	2015년	21.00
NPS 파마슈티컬	Gattex	2012년 12월	샤이어	2015년	5.20
아리아드 파마슈티컬	Iclusig	2012년 12월	타케다	2015년	5.20
메디케이션	Xtandi	2012년 8월	화이자	2015년	14.00
오닉스 파마슈티컬	Kyprolis	2012년 7월	암젠	2015년	10.40
나포 파마슈티컬	Fulyzaq (Mytesi)	2012년 12월	재규어 애니멀 헬스	2015년	

221

이미 사라진 회사들이라 승인된 신약이 그 회사의 몇 번째 약인지를 조사하는 데는 한계가 있었다. 인수합병된 15개 회사들의 리스트를 보면221페이지 유명한 블록버스터인 애브비ABBV의 임브루비카Imbruvica, 화이자PFE의 엑스탄디Xtandi, 암젠AMGN의 키프롤리스Kyprolis 등이 보인다. 인수가도 이 3개의 약을 만든 회사들이 가장 높다.

●●● 신약 승인 후 아직 존재하는 회사들

→ 옆페이지로 이어짐

회사명	티커	신약명	FDA 승인	승인 시 보유신약 수
더 메디신즈 컴퍼니	MDCO	Kengreal	2015년 6월	1개
바이오크라이스트 파마슈티컬	BCRX	Rapovab	2014년 12월	0개
더 메디신즈 컴퍼니	MDCO	Orbactiv	2014년 8월	0개
반다 파마슈티컬	VNDA	Hetlioz	2014년 1월	1개
엑셀릭시스	EXEL	Cometriq	2012년 11월	0개
아레나 파마슈티컬	ARNA	Belviq	2012년 6월	1개
비버스	VVUS	Stendra	2012년 4월	0개
아피멕스	AFFY	Omontys	2012년 3월	1개
버텍스 파마슈티컬	VRTX	Kalydeco	2012년 1월	1개

반면에 인수합병되지 않고 지금껏 존재하는 회사들은 아래와 같다.

인수합병되지 않은 9개의 회사 가운데 이미 손익분기점을 넘어서 흑자를 내고 있는 회사는 반다Vanda, VNDA, 엑셀릭시스Exelixis, EXEL, 버텍스Vertex, VRTX 등 3개 사이다. 세 군데 모두 흑자 전환에 5년이 걸렸다. 그리고 이들 회사 중 엑셀릭시스와 버텍스는 승인 1년 후에 비해 상당히 주가가 상승했다. 반다의 경우, 승인 후 첫 1년간의 매출은 좋

흑자 전환 시점	승인 1년 후 매출(백만달러)	승인 1년 후 성장률(%)	승인 1년 후 주가(달러)
	45	-73	33.23
2021년	26	-46	10.82
	168	-46	31.25
2019년	110	120	11.13
2017년	25	-19.35	5.83
	37	-54.32	84.70
	114	41	12.91
	1.3	-98.55	1.24
2017년	1,212	-52	44.78

았는데, 그 이후에는 예상만큼 나와주지 않은 건지 주가 상승이 도드라지지는 않았다 2019년 8월 기준 반다의 주가는 14.34달러이다. 한편, 첫 출시 1년 후의 매출과 주가 변화와의 상관관계는 그리 높지 않은 듯하다. 바이오크라이스트 BioCryst, BCRX는 흑자 전환 시점이 2021년 이후로 예상되는데, 아마도 후속 약의 개발 비용 때문인 것으로 추측되며 주가는 그 이후를 봐야 할 것 같다.

종합해보면, 2012~2015년까지 FDA 승인을 얻은 소형 제약사들 23군데 중 14개 사가 대형 제약사에 인수됐고 재규어와 병합한 나포는 제외, 3군데는 흑자 전환에 성공해서 주가가 상승했다. 확률로 따지면 70% 23 분의 16이니 임상 성공 확률 10%보다는 확실히 높은 셈이다. 소형 제약사가 FDA 승인을 얻으면 보통 당일에 주가가 급상승했다가 그 뒤로 점점 빠지는 형태를 많이 보인다. 이런 회사들을 주목하고 있다가 포트폴리오에 담으면 성공 확률을 높일 수 있지 않을까 한다.

이 방법이 나쁘지 않은 방법이란 것을 알았으니 최근에 신약 승인을 받은 소형 제약사들에 대해서 살펴보자. 우선 앞과 같은 방법으로 2016~2017년에 FDA 승인을 얻은 소형 제약사로는 어떤 기업들이 있는지 살펴보겠다. 2017년은 세포치료제가 본격적으로 FDA 승인을 얻기 시작한 해다. 그래서 기존의 FDA 신약 승인 new drug approvals

과 더불어 FDA 생물학적 제제 승인biologics approvals 또한 살펴봤다.

모두 20개의 소형 제약사가 2016~2017년에 FDA 신약 승인을 얻었다. 순서는 4트레이더스닷컴4-traders.com에서 흑자 전환할 것으로 예상한 년도순이다.

신약의 연 최대 판매 예상치와 출시 후 분기별 매출을 보면 제줄라 테사로 社의 성장세가 눈에 띄고, 인그레자뉴로크린 社 사도 괜찮은 편이다. 이 리스트 중 어떤 기업이 시장에서 예상하는 대로 흑자 전환을 이룰지, 제2의 버텍스가 될지 2~3년간은 지켜봐야 할 것이다. 이 중 테사로는 2018년 글락소 스미스클라인에 인수되었고, 스파크 테라퓨틱스는 2019년 3월에 로슈가 48억 달러에 인수를 발표한 후 현재 진행 절차를 밟고 있다. 시너지 파마슈티컬은 2018년 12월에 파산했다. 만약 관심 가는 회사가 있다면 출시한 신약의 시장 크기와 예상되는 시장 점유율, 경쟁약 및 경쟁약 대비 약효, 경쟁사, 특허 보호 기간 등등은 알아봐야 할 것이다.

••• 신약 승인을 받은 소형 제약사들

회사명	티커	신약명	FDA 승인	승인시 보유신약	흑자 전환 예상시점
뉴로크린 바이오사이언시스	NBIX	Ingrezza	2017년 4월	0개	2019년
사렙타 테라퓨틱스	SRPT	Exondys 51	2016년 9월	0개	2019년
퓨마 바이오테크놀로지	PBYI	Nerlynx	2017년 7월	0개	2019년
PTC 테라퓨틱스	PTCT	Emflaza	2017년 2월	1개	2019년
렉시콘 파마슈티컬	LXRX	Xermelo	2017년 2월	0개	2019년
클로비스 온콜로지	CLVS	Rubraca	2016년 12월	0개	2020년
아카디아 파마슈티컬	ACAD	Nuplazid	2016년 4월	0개	2020년
에어리 파마슈티컬	AERI	Ahopressa	2017년 12월	0개	2020년
포톨라 파마슈티컬	PTLA	Bevyxxa	2017년 6월	0개	2020년
라 호야 파마슈티컬	LJPC	Giapreza	2017년 12월	0개	2020년
시너지 파마슈티컬	SGYP	Trulance	2017년 1월	0개	2020년
베리셀 코퍼레이션	VCEL	MACI	2016년 12월	1개	2020년
스파크 테라퓨틱스	ONCE	Luxturna	2017년 12월	0개	2021년
테사로	TSRO	Zejula	2017년 3월	1개	2021년
울트라제닉스 파마슈티컬	RARE	Mepsevii	2017년 11월	0개	2021년
인터셉트 파마슈티컬	ICPT	Ocaliva	2016년 5월	0개	2021년

회사명	티커	신약명	FDA 승인	승인시 보유신약	흑자 전환 예상시점
라디우스 헬스	RDUS	Alunbrig	2017년 4월	0개	2021년
다이나백스 테크놀로지	DVAX	HEPLISAV-B	2017년 11월	0개	2021년
스트롱브릿지 바이오파마	SBBP	Macrilen	2017년 12월	1개	2021년
멜린타 테라퓨틱스	MLNT	Baxdela	2017년 6월	3개	2021년

written by 약장수

바이오주, 등락 사이클을 알고
버블을 판단하라

핀비즈Finviz라는 사이트가 있다. 종목별로 수익률을 시각적으로 보여주는 사이트로, 미국주식에 관심 있는 분이라면 한 번쯤 접했을 법한 사이트이다. 핀비즈는 헬스케어 섹터를 15개의 산업군인더스트리으로 분류하고 있는데, 이 중 2000년 이후 상장한 제약 관련 회사만 골라서 시총 상위 50개를 뽑고 그 가운데 흑자를 내고 있는 곳을 찾아보았다. 이렇게 총 13개의 회사가 추려졌다2018년 8월 기준, 시가총액 높은 순.

- 애브비Abbvie Inc, ABBV 　산업　 제약-메이저

- 사노피Sanofi, SNY 　산업　 제약-메이저

- 조에티스Zoetis Inc, ZTS 　산업　 약품-복제품

- 그리폴스Grifols, S.A., GRFS 【산업】 바이오테크놀로지

- 재즈 파마슈티컬Jazz Pharmaceuticals plc, JAZZ 【산업】 바이오테크놀로지

- 캐털런트Catalent, Inc, CTLT 【산업】 약품-복제품

- 닥터 레디스 래버러토리Dr.Reddy's Laboratories Limited, RDY 【산업】 제약-기타

- 엑셀릭시스Exelixis, Inc., EXEL 【산업】 바이오테크놀로지

- 차이나 바이오로직 프로덕트China Biologic Products Holdings, Inc, CBPO 【산업】 바이오테크놀로지

- 이머전트 바이오솔루션Emergent BioSolutions Inc., EBS 【산업】 바이오테크놀로지

- 말린크로트 퍼블릭Mallinckrodt Public Limited Company, MNK 【산업】 약품-복제약

- 할로자임 테라퓨틱스Halozyme Therapeutics, Inc., HALO 【산업】 바이오테크놀로지

- 수퍼누스 파마슈티컬Supernus Pharmaceuticals, Inc. SUPN 【산업】 약품-복제약

*이상의 산업은 핀비즈 분류 기준에 따른 것임

이 중 신약 개발과 관련된 회사를 찾아보자. 조에티스, 그리폴스, 캐털런트, 닥터 레디스 래버러토리, 차이나 바이오로직 프로덕트 등 5개

기업은 신약을 개발하는 바이오 기업이라고는 하기 어려운 곳들이다. 남은 기업 중 시가총액이 2번째로 큰 사노피와 말린크로트는 역사가 오래된 유럽의 회사들로서, 2000년 이후 미국에 ADR미국예탁주식로 상장했기 때문에 이번 리스트에 분류된 것으로 생각된다. 그러므로 논외로 치자. 시총 1위인 애브비의 경우, 애보트Abbot에서 분사되어 나올 때 이미 '휴미라'라는 블록버스터급 신약을 가지고 있었다. 그러므로 애브비 역시 제외하면 결과적으로 5개의 회사가 남는다.

결론적으로, 전형적인 신약 개발 업체로서 2000년 이후 상장한 시총 상위 50개 기업 가운데 현재 흑자를 내고 있는 기업은 단 5개뿐이다. 나머지 40여 기업들은 매출은 있으나 적자이거나, 아예 매출이 없는 기업들이다. 예를 들어보자. 시총 톱 50 중 5위를 차지한 시애틀 제네틱스Seattle Genetics, SGEN는 최근 3~4년간 승인받은 신약들의 매출이 있기는 하지만 아직 적자다. 7위인 베이진BeiGene, BGNE은 아직 승인받은 약조차 없다. 시총 8위의 앨라일람 파마슈티컬Alnylam Pharmaceuticals, ALNY은 신약 승인은 받았으나 불과 얼마 전2019년 7월 제품을 출시했으며, 9위인 블루버드 바이오Bluebird Bio, BLUE 또한 2019년 6월에 유럽에서 승인을 받고 2020년 출시 예정으로 아직 신약과 관련된 매출은 없다. 그렇지만 다들 시총은 어마어마하다. 필자가 바이오 종목들을 버블이라고 생각하는 이유가 바로 이것이다.

바이오-제약 주가의 등락 사이클

주가는 현재 기업이 내고 있는 매출 및 이익, 그리고 앞으로 벌어들일 것으로 기대되는 매출 및 이익의 합으로 정해진다. 후자는 아직 실현된 것이 아니기 때문에 버블이라고 할 수 있다. 아직 승인받아 출시된 제품이 없는 대부분의 바이오-제약 회사들의 주가는 순전히 미래 매출의 기대감만으로 결정된다. 특히 실패율이 가장 높은 임상 2상이 성공했을 때 피크를 이루는 경향이 있는데, 이때 주가는 개발 중인 약이 최고 예상 매출을 이뤘을 때의 가치와 맞먹을 정도로 오르는 경우가 많다. 순전히 버블이라고 할 수 있다.

이후 주가는 내리막을 그리게 되는데, 막상 그 신약이 FDA 승인을 획득하면 도리어 곤두박이칠 경우가 대부분이다. 신약이 출시되더라도 보험 적용에 들어가는 시간, 의사들에게 홍보하는 시간 등등 시장에 침투하는 데 시간이 많이 소요된다. 그렇다 보니 출시 후 대략 첫 1~2년 정도는 매출은 미미한 데 비해 제품 홍보를 위해 써야 할 돈은 많기 때문이다.

시장에 출시된 신약이 성공적으로 시장에 침투해서 기대한 만큼 매출 성장을 이뤄나가면 주가는 다시금 상승한다. 이때는 현재 매출 및 이익과 아직 개발 중인 다른 신약에 대한 기대 매출로 주가가 정해진다. 그리고 이때부터의 주가는 매출에 기반한 매출이기 때문에 거품

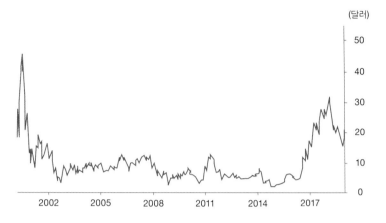

의 정도는 신약 출시 이전과 비교해 많이 줄어든다. 이것이 신약 개발을 하는 바이오-제약회사들의 주가 사이클의 전형적인 패턴이다.

앞서 성장 단계에 따른 바이오 업종의 분류 및 성장하는 기업을 고르는 방법에 관해 설명했다. 앞장에서 말한 것과 같은 이유로 필자는 주력 신약이 임상 단계에 있는 회사들보다는 이미 승인받은 신약이 있어서 막 성장 단계에 접어든 회사들을 선호하는 편이다.

written by 비행소년

세계 군수업체 부동의 1위, 록히드마틴과 노스롭 그루먼의 차이

이번 장의 주제는 영원한 라이벌, 록히드마틴Lockheed Martin , LMT과 노스롭 그루먼Northrop Grumman, NOC이다. 글을 시작하기 전에 미리 결론을 알려드리자면, '둘 다 훌륭한 회사'란 것이다. 둘 중 어디에 투자하든 훌륭한 투자라고 말하고 싶다.

먼저 필자가 각 회사에서 가장 좋아하는 전투기를 하나씩 소개해 보겠다. 첫째는 록히드 마틴의 SR-71로, 이미 은퇴한 비행기이다. 아직도 최고속도가 몇인지 모른다는 소문이 있을 정도로 가장 빠른 정찰기로 유명하다. 두 번째는 노스롭 그루먼의 B2 폭격기이다. 다음 페이지의 사진을 보면 알겠지만, 동체와 날개가 일체형인데 개인적으로 대단한 기술이라 생각한다.

노스롭 그루먼의 B2 폭격기 출처 : 위키피디아

잘 알다시피 두 회사 모두 군수업체이다. 2019년 기준 록히드마틴은 1위, 노스롭 그루먼은 3위를 차지했다. 비즈니스 분야는 같지만, 조금만 들여다보면 두 회사의 포커스는 제법 다르다는 것을 알 수 있다.

전투기에 치중되어 있는 록히드마틴

일단 록히드마틴의 총매출 목록을 살펴보자. 록히드마틴에는 4개의 부서가 있다. 전투기aeronautics, 미사일과 화기missiles and fire control, 헬기와 레이더 시스템rotary and mission systems, 우주space가 그것이다. 2017년 기준 순매출액을 살펴보자. 전투기 39%, 미사일과 화기는 14%, 헬기와 레이더 시스템은 27%, 우주는 18%를 차지했다. 영업

순위	회사명	티커	나라	2018년 군수 분야 수익 (백만)	수익 중 군수 분야의 비중
1	록히드마틴	LMT	미국	$50,536.00	94%
2	보잉	BA	미국	$34,050.00	34%
3	노스롭 그루먼	NOC	미국	$25,300.00	84%
4	레이시온	RTN	미국	$25,163.94	93%
5	중국항공공업 집단공사(AVIC)	-	중국	$24,902.01	38%
6	제너럴 다이나믹스	GD	미국	$24,055.00	66%
7	BAE시스템	BA.L	영국	$22,477.48	91%

출처 : Defence News

이익을 보면 전투기 10%, 미사일과 화기 14%, 헬기와 레이더 시스템 6%, 우주 10%를 차지했다.

전투기 분야에는 여러 프로젝트가 있지만 F-35 조인트 스트라이크 파이터(이 한 가지 기종이 록히드마틴 총매출의 25%, 그리고 전투기 분야의 64%를 차지한다), F-16, F-22 등이 대표적인 전투기 위주의 부서이다. 두 번째로 큰 부서인 미사일과 화기의 큰 프로젝트는 블랙 호크 헬리콥터, 시 호크 헬리콥터, LCS 전투함, 이지스 전투 시스템이다. 참고로 순매출액이 가장 높은 부서인 미사일과 화기에는 우리가 익히 잘 아는 사드THAAD 미사일이 있다.

레이더와 항공우주가 주력인 노스롭 그루먼

이어서 노스롭 그루먼을 살펴보자. 노스롭 그루먼에는 총 3가지 부서가 있다. 항공우주 시스템aerospace system, 레이더 시스템mission system, 기술 서비스technology services가 그것이다. 2017년 연간 리포트 기준, 부서별 총매출은 항공우주 45%, 레이더 시스템 40%, 기술 서비스 14%를 차지한다. 순매출액을 보면 항공우주가 10% 이익, 레이더 시스템 12% 이익, 기술 서비스가 11% 이익을 냈다. 순매출만 따지고 보면 노스롭 그루먼이 록히드마틴보다 더 나아 보인다. 실제로 노스롭 그루먼의 그로스마진은 23.07%이며, 록히드마틴은 10.87%이다.

노스롭 그루먼의 절반을 차지하는 두 부서는 항공우주 시스템과 레이더 시스템이다. 현재 항공우주 부서에서 진행되는 프로젝트 중에는 B-21 레이더와 글로벌 호크무인 정찰기가 있다. 레이더 시스템에서 진행하는 프로젝트 중 하나인 C4ISR은 커맨드, 킨트롤, 커뮤니케이션, 컴퓨터, 인텔리전스, 감시 및 정찰command, control, communications, computers, intelligence, serveillance and reconnaissance의 준말로서 국방과 연계되어 있다. 한 마디로 비행기와는 직접적 관련이 없다.

이 부서는 노스롭 그루먼과 록히드마틴의 차이를 보여준다. 물론

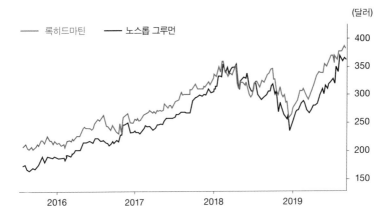

록히드마틴에도 레이더 관련 부서가 있으나, 관련 부서의 비중은 노스롭 그루먼이 단연 높다. 록히드는 전투기와 미사일, 전투함 등등에 더 주력하고 있다.

항공업계 종사자로서 볼 때, 헬리콥터 비즈니스는 비행기 비즈니스에 비해 그다지 커가고 있지 못하다. 실제로 록히드마틴에서 헬기 부서는 가장 적은 이익을 내고 있다.

연구개발의 비중은 록히드마틴이 높아

필자는 엔지니어 출신이라 R&D연구개발에 무게를 두는 편이다. 노스롭 그루먼은 2015년부터 계속 줄이고 있는 추세이다.

"회사가 후원하는 연구 개발 활동은 주로 정부 프로그램과 연관되어 있습니다. 이 같은 IR&D R&D 비용은 2017년, 2016년 그리고 2015년에 각각 6억 3,900만 달러, 7억 500만 달러, 7억 1,200만 달러가 소요됐습니다. 각 고객이 지원하는 연구 및 개발 활동은 관련 계약에 직접 청구됩니다." —노스롭 그루먼의 2017년 연간 보고서 중에서

그렇다면 록히드 마틴은 어떨까? 2017년 12억 달러, 2016년 9억 8,800만 달러, 2015년 8억 1,700만 달러를 사용하며 꾸준히 증가해온 추세이다. 물론 회사의 규모가 다르므로 이를 감안해 R&D 비중을 따져야겠지만, 어쨌거나 크게 보아 록히드마틴의 R&D 투자 경향이 노스롭 그루먼에 비해 더 크다는 것을 알 수 있다.

결론은? 서두에 말한 바와 같다. 두 회사 모두 훌륭하다. 다만 투자를 고려한다면 두 회사의 비즈니스 포인트에 차이가 있다는 점을 인지해야 할 것이다.

written by 비행소년

중국의 전투기는
미국 방위업체에 위협이 될 것인가

어느 날 <미국주식에 미치다> 카페의 이항영 교수가 링크 하나를 필자에게 전달해주며 '중국에

서 만든 F-35의 짝퉁'이라고 알려주었다. 그리고 중국판과 F-35의 외관을 비교해보면 재미있을 것 같다기에 필자 또한 호기심이 동해 이미지를 찾아보았다. 독자들은 두 비행기의 차이점을 알겠는가?

위의 사진은 록히드마틴의

F-35, 밑의 사진은 중국 선양Shenyang 사의 J-31이다. 일단 F-35는 싱글엔진, J-31은 트윈엔진인 것이 눈에 띈다. 그리고 자세히 보면 날개 뒷부분에 있는 에일러론밑으로 접히는 부분의 크기가 다른 것을 알 수 있는데, F-35는 두껍고 짧은 반면 J-31은 얇고 길다. 그 외에 꼬리 날개 모양을 제외하면, 두 가지는 거의 같은 비행기처럼 보인다.

예전 같았으면 이 정도 비교에 그쳤겠지만, 미국주식에 투자하다 보니 불현듯 머리에 떠오르는 사실이 있었다. 바로 '록히드마틴의 총매출 중 25%가량이 F-35에서 나온다'는 것이다!

생각이 여기에 이르자 갑자기 J-31의 존재가 우려되기 시작했다. F-35의 경쟁 상대로 떠오르면 어떻게 될 것인가? 그래서 폭풍 같은 리서치를 했으나, (F-35도 마찬가지이지만) 국가 기밀 수준의 정보들이 아닌 이상 더는 두 기종을 비교할 수가 없었다. 또한 현재로서 J-31은 프로토 타입 2대밖에 만들지 않았기 때문에, 인터넷상에 떠돌아다니는 정보로 퍼포먼스를 비교하기란 불가능했다.

그럼에도 불구하고 보잉이나 록히드마틴, 기타 미국 방위산업주에 투자하고 있다면 궁금해할 만한 내용이라, 필자가 항공업계에 종사한 경험을 통해 나름대로 생각해본 포인트를 열거해 보고자 한다. (아래 내용은 적은 양의 정보에 의지한 분석으로, 어디까지나 주관적인 의견임을 밝혀둔다.)

미국의 업체들이 세계 최강일 수밖에 없는 이유

첫째, 비행기의 외관 디자인은 누구나 따라 할 수 있다

F-35의 외관 디자인은 검색 엔진만 사용하면 누구나 알 수 있다. 예를 들어, F-35 사진을 수십 장 뽑아서 그것과 최대한 같은 모양으로 장난감 RC 비행기를 만든다고 치자. 그리고 그 장난감 비행기를 진짜 F-35 크기로 부풀리고 거기에 맞는 엔진을 달면 바로 날릴 수 있다. 말인즉, 외관은 그 누구라도 베껴서 만들 수 있다는 뜻이다. 문제는 비행기의 내부이다.

전투기 동체의 생명은 '톨러런스'로서, 이는 오차를 가리킨다. 보잉 737에서 2개의 스트럭처를 볼트나 레빗으로 고정시킬 때, 두 스트럭처 사이의 갭 톨러런스 최소치는 0.01인치0.25밀리미터이다. 여객기가 이 정도인데, 전투기는 얼마나 더 정교할까? 상상 그 이상일 것이다. 외관을 모방할 수는 있어도 내관은 그렇지 않다. 과연 J-31이 F-35의 정밀성을 얼마나 따라잡았을지는 의문이다.

둘째, 전투기의 생명은 항공전자 시스템이다

혹시 모르는 일이니 J-31이 내부 구조까지 완벽하다 가정해보자. 그러나 우리는 지금 '전투기'에 관해 이야기하고 있다. 외·내관은 물론, 퍼포먼스 또한 F-35와 같다 치더라도 달고 다니는 미사일로 상대방을 격추시키지 못하면 전투기가 아니라 그냥 비행기에 불과하다. F-35의 항공전자avionics 시스템은 노스롭 그루먼 사의 것이다. 앞선 글에서도 언급했듯, 노스롭 그루먼은 레이더나 센서 등등 전투 시에 쓰이는 항공전자 시스템에 록히드보다 더 초점을 두고 있다. 말 그대로 전투기 공학의 최강자는 노스롭 그루먼인 것이다. 과연 J-31에 장착되어 있는 유도장치들이 노스롭 그루먼의 것을 능가할지는 의문이다.

셋째, 증명의 시간이 없었다

전투기의 퍼포먼스는 일반 비행기들과 다르다. 잘 날다가 갑자기 수직 상승을 하는가 하면, 좌우 거의 90도로 회전하여 거꾸로 나는 등 익스트림한 퍼포먼스를 소화해내야 한다. 그런데 J-31은 아무리 찾아도 퍼포먼스 영상이 보이지 않는다. 필자가 못 찾은 것일 수도 있지, 이게 왜 문제냐고? 최대한 쉽게 설명해 보겠다.

100의 힘을 받으면 부러지는 나무 막대기를 하나 판매하려 한다고 가정해보자. 이때 나무 막대기를 구부리는 걸 '퍼포먼스'라 치면, 당신은 처음부터 100의 힘으로 구부려 한번에 부러뜨릴 수도, 80의 힘으로 구부렸다 폈다를 반복해 부러뜨릴 수도 있다. 즉, 한 번에 부러지지는 않을 수 있으나 퍼포먼스가 반복되면 결국 부러지는 순간이 오게 된다. 당신은 80의 힘만 주고 '이 막대기는 절대 부러지지 않는다'고 광고할지 모르지만, 현명한 구매자라면 거듭 구부려 본 뒤에 똑같은 강도의 막대기를 살지 말지 결정할 것이다.

말인즉, J-31이 익스트림한 퍼포먼스를 한 번 해냈다 해서 동체가 그 퍼포먼스를 몇십 년간 계속 보여주리란 보장은 없다. 기능이 얼마나 오래 잘 유지될 수 있을지에 관해 '증명의 시간'이라는 것이 필요하다. 민항기의 경우 실제 비행 시 동체가 받는 하중을 인위적으로 적용시켜 간접적으로 시뮬레이션하는 식으로 그 증명의 시간을 거친다. 이 시뮬레이션을 하는 데만 천문학적인 비용과 장비가 동원되는데, J-31이 과연 어떤 식으로 퍼포먼스를 증명할지, 그리고 거기에 앞으로 얼마나 많은 시간이 소요될지 궁금하다. 한마디로, 큰 비용 투자를 통해 한두 번 퍼포먼스를 보여준다 해도 그 이후 긴 증명의 시간이 필요하며, 그런 면에서 J-31은 갈 길이 먼 것으로 보인다.

넷째, 어찌 되었든 F-35는 아무나 사고 싶다고 살 수 있는 물건이 아니다

아무리 많은 돈을 제시받아도, 록히드마틴은 아무에게나 F-35를 판매하지 못한다. 국가 안보 문제 때문이다. 중국이 J-31을 만들어서 얼마나 팔 지는 모르겠지만, 이미 F-35는 미국과의 동맹국을 제외한 다른 나라들은 사고 싶어도 살 수가 없는 물건이다. 시장 점유율 면에서 볼 때 J-31 자체가 F-35의 시장에 타격을 줄 수 있을 것 같아 보이지 않는다. 더 근본적으로는 미·중 간 군사력 문제가 얽혀 있으므로 J-31을 만들든 안 만들든 F-35에서 나오는 록히드마틴의 매출은 영향을 받지 않을 듯하다.

앞서 밝혔듯 이상은 필자의 주관적인 생각일 뿐으로, J-31이 F-35와 견줄 만한 전투기인지는 사실 알 수 없다. 국가 안보와도 직결되어 있으므로 쉽사리 공개할 지도 의문이다. 아직은 전문가들의 의견만 찾아볼 수 있을 뿐, 진정한 비교는 J-31이 본격적인 생산에 들어가기 전까지는 힘들 것이다.

그럼에도 불구하고 중국이 전투기를 만드는 기술(자체적이든 모방이든)을 보유했다는 사실 자체는 무서운 일이다. 보잉을 따라잡기 위한 에어버스의 부단한 노력은 거의 50여 년째 이어지고 있다. 그런데도 아직까지 시장 점유율 면에서 보잉이 조금 앞선다. 중국 전투기가 록히드마틴과 견줄 만한 경쟁사가 되기까지 얼마의 시간이 걸릴지 궁금하다.

당신도 우주 산업에
투자할 수 있다

written by 비행소년

기존에 우주 산업은 사실 미국의 국가 산업이었기에 민간은 끼어들 수 없는 분야였다. 그러다가 국가에서 민간 사업을 허가해주며 급속도로 성장하게 된다. 우리가 잘 아는 민간 사업은 크게 빅 3이다. 테슬라의 일론 머스크가 이끄는 스페이스엑스, 아마존의 제프 베조스가 이끄는 블루 오리진, 버진그룹의 리처드 브랜슨이 이끄는 버진 겔럭틱이 그것이다. 이 세 회사는 경쟁사이며, 그렇지 않기도 하다. 무슨 말인고 하니 추구하는 목표가 조금씩 다르기 때문에 사업 영역이 겹치는 부분도, 그렇지 않은 부분도 있기 때문이다. 아쉽게도 이 3개 회사 모두 상장되어 있지 않은 개인 회사로, 직접 투자는 불가능하다.

그런데 이들 회사에 관해 조금만 서치해보면 공통적으로 언급되는 하나의 회사를 더 찾을 수가 있다. 스페이스엑스의 경쟁사로, 블루 오리진이 납품하는 곳으로 등장하는 회사이다. 민간 사업이 허락되기 전까지 우주 산업을 독식했던 유나이티드 론치 얼라이언스United Launch Alliance, 줄여서 ULA라는 기업이다. 이 회사의 주력기는 델타delta IV와 아틀라스atlas V로 로켓 시장을 독점했다. 그럼 이 회사는 상장을 했을까? 아쉽지만 이 회사 역시 개인 회사이다.

주목할 점은 ULA의 정체로, 이 회사는 사실 보잉과 록히드마틴의 조인트 회사이다. 항공이든 우주든 보잉이 빠지는 곳이 없다. 사실 스페이스엑스 때문에 ULA는 발등에 불이 떨어진 상태다. 이제까지 ULA의 로켓은 경쟁자 없이 부르는 게 값이었다. 그런데 스페이스엑스가 미 공군 GPS 인공위성 계약을 따기 시작하면서 가격 면에서 스페이스엑스에 심각하게 뒤처지고 있다. 보잉이 얼마나 우주에 투자할지 여부는 개인적으로 보잉 797 개발 다음으로 관심을 가지는 부분이다.

스페이스엑스와 구글

역시나 대세는 스페이스엑스이다. 엔지니어들 사이에서도 새로운 도전을 원할 경우 거론되는 직상 1순위라 해도 과언이 아니다. 앞서 비상장임을 언급하긴 했지만, 그래도 스페이스엑스에 투자할 방법이 없을지 아쉬움이 남는다.

이런 분들을 위한 팁이 있다. 스페이스엑스가 공개적으로 펀딩을 했을 때 투자한 회사가 바로 구글이다. 한마디로 구글이 스페이스엑스의 지분을 가지고 있다는 뜻이다. 구글의 주주라면 간접적이나마 스페이스엑스에도 투자하는 중이라고 자부심을 가져도 좋을 것이다.

BVP 클라우드 지수 관련 종목

2019년 8월 7일 기준

● 투유 2U, Inc. 온라인 석사 학위 프로그램을 제공하는 교육기술 기업

티커	주가	시가총액(백만)	매출증가율	그로스마진
TWOU	$14.2	$894.5	32%	32%

● 어도비 | Adobe Systems Incorporated 포토샵, 일러스트레이터 등으로 잘 알려진 대표적인 컴퓨터 소프트웨어 기업

티커	주가	시가총액(백만)	매출증가율	그로스마진
ADBE	$289.0	$140,301.5	25%	85%

● 아나플랜 Anaplan, Inc. SaaS 플랫폼 기업

티커	주가	시가총액(백만)	매출증가율	그로스마진
PLAN	$55.4	$7,158.2	64%	72%

● 앱폴리오 AppFolio, Inc. SaaS 플랫폼 기업

티커	주가	시가총액(백만)	매출증가율	그로스마진
APPF	$95.7	$3,253.3	35%	58%

● 아틀라시안Atlassian Corporation Plc 비즈니스 엔터프라이즈 소프트웨어 기업

티커	주가	시가총액(백만)	매출증가율	그로스마진
TEAM	$141.9	$34,206.8	38%	82%

● 아발라라Avalara, Inc 세금 자동납부 소프트웨어 기업

티커	주가	시가총액(백만)	매출증가율	그로스마진
AVLR	$80.5	$5,918.9	38%	70%

● 블랙라인BlackLine, Inc 비즈니스 엔터프라이즈 소프트웨어 기업

티커	주가	시가총액(백만)	매출증가율	그로스마진
BL	$54.8	$3,013.8	25%	79%

● 박스Box 파일 공유 서비스를 제공하는 웹사이트

티커	주가	시가총액(백만)	매출증가율	그로스마진
BOX	$14.3	$2,090.6	16%	78%

● 카본블랙Carbon Black, Inc. 사이버 보안 기업

티커	주가	시가총액(백만)	매출증가율	그로스마진
CBLK	$18.1	$1,293.7	21%	78%

● 카보나이트Carbonite, Inc. 클라우드 백업 및 데이터 보호 솔루션 기업

티커	주가	시가총액(백만)	매출증가율	그로스마진
CARB	$16.0	$550.8	27%	78%

● 쿠파Coupa Software Incorporated   기업 자산 관리를 위한 기술 플랫폼 기업

티커	주가	시가총액(백만)	매출증가율	그로스마진
COUP	$133.3	$8,236.5	44%	66%

● 도큐사인DocuSign, Inc   계약 관련 기술 플랫폼 기업

티커	주가	시가총액(백만)	매출증가율	그로스마진
DOCU	$45.0	$7,828.0	37%	76%

● 도모Domo, Inc.   클라우드 소프트웨어 기업

티커	주가	시가총액(백만)	매출증가율	그로스마진
DOMO	$25.4	$25.4	28%	69%

● 드롭박스Dropbox, Inc.   웹 기반 파일공유 서비스 기업

티커	주가	시가총액(백만)	매출증가율	그로스마진
DBX	$25.4	$8,536.1	22%	74%

● 엘라스틱Elastic N.V.   SaaS 오퍼링을 구축하는 검색 회사

티커	주가	시가총액(백만)	매출증가율	그로스마진
ESTC	$88.4	$6,661.3	63%	71%

● 에버브릿지Everbridge, Inc.   중요 이벤트 매니지먼트 플랫폼 회사

티커	주가	시가총액(백만)	매출증가율	그로스마진
EVBG	$81.8	$2,693.0	40%	67%

● 파이브나인Five9, Inc. 클라우드 콘택트 센터 소프트웨어 기업

티커	주가	시가총액(백만)	매출증가율	그로스마진
FIVN	$58.1	$3,464.2	27%	59%

● 허브스팟HubSpot, Inc. 인바운드 마케팅 및 판매용 소프트웨어 기업

티커	주가	시가총액(백만)	매출증가율	그로스마진
HUBS	$186.8	$186.8	33%	81%

● 인스트럭처Instructure, Inc. 교육 기술 기업

티커	주가	시가총액(백만)	매출증가율	그로스마진
INST	$39.5	$1,445.4	21%	69%

● J2글로벌J2 Global, Inc. 비즈니스 클라우드 서비스 기업

티커	주가	시가총액(백만)	매출증가율	그로스마진
JCOM	$79.7	$3,901.4	7%	83%

● 로그미인LogMein, Inc. 협업, IT 관리 및 고객 참여를 위한 서비스 및 클라우드

기반 원격 연결 서비스로서의 소프트웨어 제공 기업

티커	주가	시가총액(백만)	매출증가율	그로스마진
LOGM	$70.5	$3,511.6	10%	75%

● 메디데이터 솔루션Medidata Solutions, Inc. 임상시험을 위한 SaaS 기업

티커	주가	시가총액(백만)	매출증가율	그로스마진
MIME	$91.3	$5,488.1	16%	73%

● 마임캐스트Mimecast Limited 이메일 솔루션 기업

티커	주가	시가총액(백만)	매출증가율	그로스마진
NEWR	$42.9	$2,631.1	26%	73%

● 뉴 렐릭New Relic, Inc. 소프트웨어 분석 기업

티커	주가	시가총액(백만)	매출증가율	그로스마진
NEWR	$59.8	$3,474.2	34%	84%

● 옥타Okta, Inc. ID 및 액세스 관리 기업

티커	주가	시가총액(백만)	매출증가율	그로스마진
OKTA	$132.4	$15,110.9	50%	72%

● 페이콤Paycom Software, Inc. 온라인 급여 및 인적 자원 기술 제공 기업

티커	주가	시가총액(백만)	매출증가율	그로스마진
PAYC	$231.2	$231.2	30%	88%

● 주오라Zuora 서브스크립션 관리 엔터프라이즈 소프트웨어 기업

티커	주가	시가총액(백만)	매출증가율	그로스마진
ZUO	$14.2	$1,578.6	22%	50%

● 페이로시티Paylocity   클라우드 기반 인적 자원 관리 소프트웨어 기업

티커	주가	시가총액(백만)	매출증가율	그로스마진
PCTY	$96.2	$5,096.1	23%	72%

● 페이팔Paypal   온라인 지불 시스템 기업

티커	주가	시가총액(백만)	매출증가율	그로스마진
PYPL	$106.6	$125,283.1	12%	45%

● 플러럴사이트Pluralsight Inc.   온라인 IT교육 회사

티커	주가	시가총액(백만)	매출증가율	그로스마진
PS	$16.1	$1,536.9	40%	76%

● 프루프포인트Proofpoint, Inc.   디지털 보안을 위한 SaaS 기업

티커	주가	시가총액(백만)	매출증가율	그로스마진
PFPT	$116.1	$6,461.6	25%	73%

● Q2 홀딩스Q2 Holdings, Inc.   클라우드 기반 가상 뱅킹 솔루션 기업

티커	주가	시가총액(백만)	매출증가율	그로스마진
QTWO	$74.7	$3,488.7	30%	48%

● 퀄리스Qualys, Inc.   클라우드 보안 관련 기업

티커	주가	시가총액(백만)	매출증가율	그로스마진
QLYS	$82.5	$3,229.8	16%	76%

● 리얼페이지|RealPage, Inc.   부동산 자산 관리 소프트웨어 솔루션

티커	주가	시가총액(백만)	매출증가율	그로스마진
RP	$59.8	$5,520.1	16%	62%

● 링센트럴|Ringcentral, Inc.   클라우드 기반 커뮤니케이션 및 협업 솔루션 기업

티커	주가	시가총액(백만)	매출증가율	그로스마진
RNG	$135.4	$11,092.1	34%	75%

● 세일즈포스닷컴|Salesforce.com Inc   고객 관계 관리 솔루션을 중심으로 한 클라우드 컴퓨팅 서비스 기업

티커	주가	시가총액(백만)	매출증가율	그로스마진
CRM	$141.6	$109,989.8	24%	76%

● 서비스나우|ServiceNow, Inc.   클라우드 컴퓨팅 기업

티커	주가	시가총액(백만)	매출증가율	그로스마진
NOW	$260.7	$48,362.2	34%	76%

● 쇼피파이|Shopify   전자상거래 플랫폼 기업

티커	주가	시가총액(백만)	매출증가율	그로스마진
SHOP	$341.3	$38,314.2	50%	56%

● 스마트시트Smartsheet   공동작업을 위한 SaaS 기업

티커	주가	시가총액(백만)	매출증가율	그로스마진
SMAR	$47.4	$5,512.6	55%	81%

● 스퀘어Square   모바일 결제 기업

티커	주가	시가총액(백만)	매출증가율	그로스마진
SQ	$65.0	$27,492.8	43%	41%

● 테너블Tenable Holdings   사이버 보안 기업

티커	주가	시가총액(백만)	매출증가율	그로스마진
TENB	$22.4	$2,161.0	36%	84%

● 트윌리오Twilio Inc.   클라우드 커뮤니케이션/APIs 기업

티커	주가	시가총액(백만)	매출증가율	그로스마진
TWLO	$123.9	$16,486.5	81%	54%

● 비바시스템즈Veeva Systems Inc.   제약 및 생명 과학 산업 응용 분야에 중점을

둔 클라우드 컴퓨팅 기업

티커	주가	시가총액(백만)	매출증가율	그로스마진
VEEV	$159.9	$23,540.4	25%	73%

● 윅스닷컴Wix.com Ltd.   클라우드 기반의 무료 홈페이지 제작 사이트

티커	주가	시가총액(백만)	매출증가율	그로스마진
WIX	$145.1	$7,232.6	27%	77%

● 워크데이Workday, Inc.   주문형 재무 관리 및 인적 자원 관리 소프트웨어 기업

티커	주가	시가총액(백만)	매출증가율	그로스마진
WDAY	$187.2	$42,369.3	33%	71%

● 워크비바Workiva Inc.   재무 관리 자동화 소프트웨어 기업

티커	주가	시가총액(백만)	매출증가율	그로스마진
WK	$62.3	$2,812.5	17%	72%

●엑스트Yext, Inc.   온라인 브랜드 관리 기술 기업

티커	주가	시가총액(백만)	매출증가율	그로스마진
YEXT	$19.7	$2,191.1	35%	76%

● 젠데스크Zendesk, Inc.   고객 서비스 소프트웨어 기업

티커	주가	시가총액(백만)	매출증가율	그로스마진
ZEN	$76.9	$8,424.4	40%	69%

● Z스케일러Zscaler, Inc.   클라우드 기반 정보 보안 기업

티커	주가	시가총액(백만)	매출증가율	그로스마진
ZS	$81.2	$10,206.3	61%	81%